메디치 가문이 꽃피운 르네상스

| 일러두기 |

인명과 지명은 국립국어원의 표기법을 따르되 이미 굳어진 인명의 경우 관례에 따라 표기했습니다.

메디치 가문이 꽃피운 르네상스

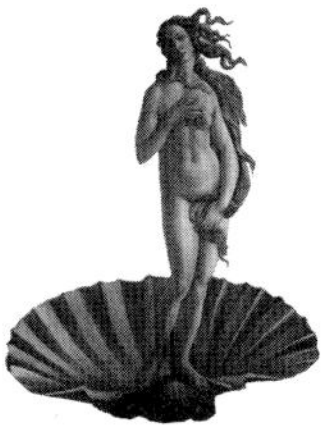

박영택 지음

스푼북

작가의 말

오늘날 우리가 흔히 서양 미술이라고 부르는 것은 실은 고대 그리스·로마 시대의 그림, 조각, 건축 등에서 시작되어, 그 영향이 이후 유럽 전역에 파급되어 형성된 것을 말합니다. 유럽 중에서도 이탈리아, 프랑스, 독일, 플랑드르(벨기에 서부를 중심으로 네덜란드 서부와 프랑스 북부에 걸쳐 있는 지방), 에스파냐(스페인)와 영국, 오스트리아 등이 대표적인 지역이지요. 이 지역들의 미술이 실질적으로 오늘날 유럽 미술을 대표하고 있습니다. 그리고 이는 전적으로 고대 그리스·로마 문화와 미술의 강력한 영향 아래 가능했습니다.

르네상스 시대의 유럽은 왕조 몇 개가 유럽 전역을 분할해서 통치하고 있었고, 특히 교황이 상징적인 권력을 갖고 있었기에 지금과 같은 독립된 국가 체제로 이해하기는 어렵습니다. 또한 통일된 단일 민족 국가가 아니라 도시 국가 여러 개로 나뉘어 있어서 각기 영주나 귀족들의 지배를 받고 있었습니다.

유럽이 지금과 같은 국가 개념으로 바뀌고 특정 왕조나 귀족들의 지배에서 독립하기 시작한 것은 대략 19세기를 거치면서부터입니다. 이른바 민족 국가의 등장이 그것입니다. 이 시기 이후부터는 서양 미술의 역사도 이탈리아 미술, 프랑스 미술, 독일 미술 등 국가로 나눠 이해하고 있습니다.

유럽에서 미술이 가장 발달한 나라는 단연 이탈리아였습니다. 오래전부터 자리 잡고 있던 고대 로마 미술의 영향이 그만큼 컸고, 또한 당시 로마에 자리한 교황의 권력에 따라 성당 건축이나 종교 미술 등에서 화려한 업적을 자랑하고 있었기 때문입니다. 그러나 이전과는 질적으로 다른 미술 문화가 번영하게 된 계기는 따로 있었습니다. 바로 13~14세기부터 등장한 상인 계급과 그들의 엄청난 재산, 그리고 부유한 상인들의 미술에 대한 강력한 후원이 그 결정적인 계기였습니다.

14~16세기는 상업의 발달과 상인 계급의 등장, 그리고 고대 그리스·로마의 문화에 대한 새로운 깨달음과 모방을 통한 창조, 예수에 대한 새로운 해석, 인간에 대한 지대한 관심과 현실 세계에 대한 욕망, 합리적이고 실용적인 차원에서의 학문에 대한 관심, 과학과 기술의 발전 및 자본주의적 경제 발전과 세속적인 가치들에 대한 주목 등이 광범위하게 퍼져나가기도 했습니다. 이때를 우리는 흔히 '르네상스' 시대라고 부르며, 이 시기에 이루어진 미술을 르네상스 미술이라고 합니다.

르네상스란 '재생', '부활' 등을 뜻하는데, 이는 르네상스 시대 이전에 존재했던 고대 그리스·로마의 고전 문화와 예술에 주목하고 이를 기반으로 인간 중심의 문화를 꽃피우려는 시도이자, 고대 그리스·로마의 문화와 미술을 다시 부활시킨다는 의미입니다. 동시에 종교에 억압되었던 인간적인 측면을 전면에 부각시키고자 하는 시도이기도 합니다. 르네상스 시대 이전에는 신이 모든 것의 중심이었다면, 르네상스 시대에 와서는 인간이 좀 더 중심이 되어 세계를 바라보고 이해하고자 했습니다. 모든 것의 척도를 인간 중심으로 놓고 보자는 것이지요. 그리고 이는 이후 유럽이 지속적으로 추구하는 가치가 되어 오늘날의 현대 문명을 이루는 계기가 되었습니다.

르네상스 미술을 가능하게 한 여러 요인들이 있었지만, 그중에서도 가장 주목해야 할 존재가 있습니다. 바로 피렌체라는 도시 국가의 부유한 상인 집안인 메디치 가문입니다. 크리스트교가 지배하던 당시는 신의 세계가 아닌 현실 세계의 부를 추구하는 상인들을 천한 존재로 여겼습니다. 그러나 메디치 가문은 성당을 건축하고 복원하는 데에 엄청난 재산을 기부하는 한편, 학자들을 통해 그리스·로마 시대의 학문을 복원하고 번역하는 사업에 지원을 아끼지 않았습니다. 또한 막대한 서적들을 수집해 도서관을 만들고 시민들이 이용할 수 있는 예배당을 만들어 주었습니다. 아울러 당대 최고의 화가와 조각가, 건축가 들을 고용해 수많은 걸작들을 만들어 내게 했지요. 이러한 메디치 가문의 후원이 없었다면 우리는 르네상스 미술의 걸작들을 만날 수 없었을 겁니다. 당연히 도나텔로, 브루넬레스키, 라파엘로, 레오나르도 다빈치, 미켈란젤로 등 거장들의 작품도 가능하지 않았을 겁니다. 자신들의 재산을 사회 구성원들을 위해 기꺼이 기부하고, 뛰어난 예술품을 공동체 구성원들과 함께 향유하고자 했으며, 학문을 장려하고 고전을 번역하며 도서관을 만들어 인류의 지식을 보존하고 전달하고자 노력했던 메디치 가문의 후원은 서양 미술의 가장 화려하고 놀라운 성과를 만들어 낸 동력이었습니다. 한 가문의 힘으로 이룬 이 성과는 믿기지 않을 정도로 대단한 업적이었습니다. 그것은 단지 돈으로만 가능한 것은 아니었습니다. 부자라고 해서 모두 할 수 있는 일도 아니었습니다.

오늘날 우리가 메디치 가문을 다시 살펴보는 가장 큰 이유는 다양한 사람들이 모여 사는 이 공동체 사회를 실질적으로 지배하는 정치가나 자본가, 지식인 들이 과연 어떤 가치와 이상을 가져야 하는지를 선명하게 알려 주기 때문입니다. 또한 이들이 지녀야 할 도덕적이고 정신적·문화적인 기준을 날카롭게 인식하기 위함입니다. 경제적인 부와 정치적 권력, 학문적 지식을 가진 이들이 공동체 구성원들을 위해 나누고 베풀면서 함께 잘 살 수 있는 사회를 만드는 것은 바로 그들의 의무이자 책임이기도 합니다. 그리고 미술에 대한 관심과 후원이 사회 구성원들의 지적·정신적 가치를 얼마나 고양시키는지, 새로운 창의성과 상상력이 한 사회를 새로운 세계로 밀고 나가는 데에 얼마나 핵심적인 역할을 하는지에 대해서도 메디치 가문이 우리에게 전해 주는 교훈은 매우 크다고 생각합니다.

_ **박영택** (경기대 교수, 미술 평론가)

차례

작가의 말 4

메디치 가문이 활동하던 시대의 연표 10

CHAPTER1

중세 시대와 중세의 미술 12

CHAPTER2

르네상스 시대 22

CHAPTER3

르네상스 미술 32

CHAPTER4

유럽 최고의 상업 도시 피렌체 58

CHAPTER5

피렌체의 메디치 가문 72

CHAPTER6

메디치 가문의 학문과 예술 장려 88

CHAPTER7

르네상스 미술의 전파 116

CHAPTER8

르네상스와 메세나 142

메디치 가문이 활동하던 시대의 연표

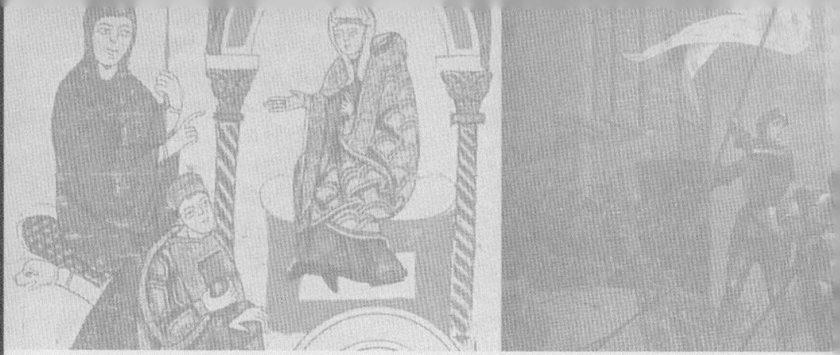

	600~800년	900~1100년
유럽	726 비잔티움 제국, 성상 숭배 금지령 771 카롤루스 대제, 프랑크 왕국 통일 800 카롤루스 대제, 서로마 황제 대관	1037 셀주크 튀르크 건국 1054 크리스트교 동·서 분열 1077 카노사의 굴욕 1096 십자군 전쟁 시작(~1270)
우리나라	676 신라, 삼국 통일 698 대조영, 발해 건국 751 불국사, 석굴암 건립 828 장보고, 청해진 설치	900 견훤, 후백제 건국 901 궁예, 후고구려 건국 918 왕건, 고려 건국 936 고려, 후삼국 통일 1019 귀주 대첩
아시아	618 중국, 당 건국(~907) 622 헤지라(이슬람 기원 원년) 645 일본, 다이카 개신 651 사산 왕조 페르시아 멸망 661 이슬람 제국, 우마이야 왕조 성립 750 아바스 왕조 성립	907 당 멸망, 5대 10국 시대 시작(~960) 961 거란(요) 건국 960 중국, 송 건국(~1279) 1037 셀주크 튀르크 건국

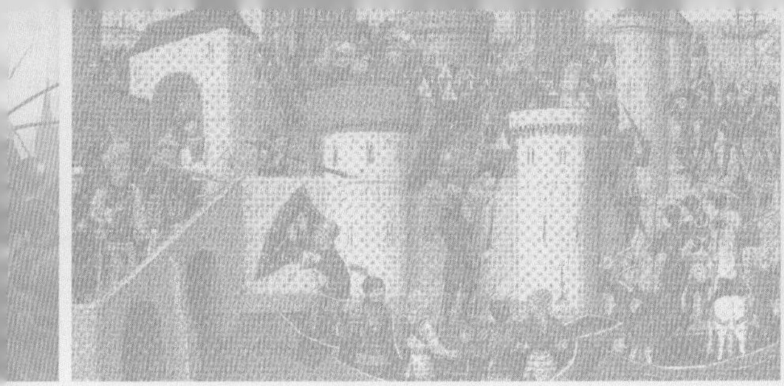

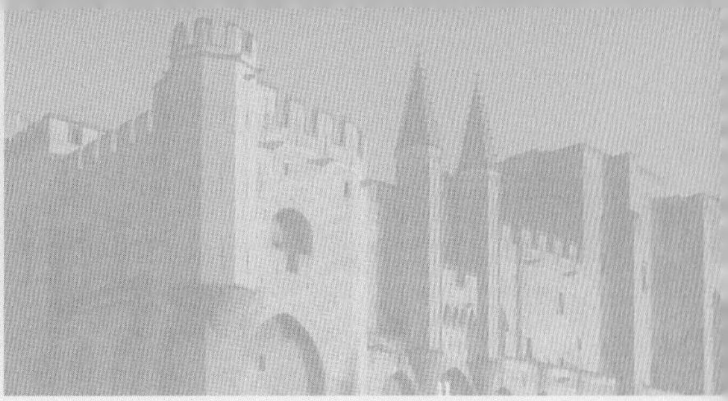

1100~1300년	1300~1500년	1500년대
1163 프랑스, 노트르담 성당 건축 시작 1241 신성 로마 제국 성립 1299 마르코 폴로, 《동방견문록》 출판 오스만 제국 성립(~1922)	1309 교황, 아비뇽 유수 1337 영국·프랑스, 백년 전쟁(~1453) 1347 유럽에 흑사병 유행(~1351) 1378 교회의 대분열(~1417) 1414 콘스탄츠 공의회 소집(~1418) 1429 프랑스의 잔 다르크, 영국군 격파 1492 콜럼버스, 서인도 제도 발견	1517 루터, 95개조 반박문 발표 1519 마젤란, 세계 일주(~1522) 1534 영국의 종교 개혁 1536 칼뱅의 종교 개혁
1196 최충헌 집권 1231 몽골의 제1차 침략 1232 강화 천도 1270 개경 환도, 삼별초의 대몽 항쟁 1274 여·원의 제1차 일본 정벌	1359 홍건적의 침입(~1361) 1388 위화도 회군 1392 고려 멸망, 조선 건국 1394 한양 천도 1418 세종 즉위 1446 훈민정음 반포	1506 중종반정 1519 기묘사화 1592 임진왜란(~1598)
1115 여진, 금 건국(~1234) 1127 북송 멸망, 남송 시작 1192 일본, 가마쿠라 막부 성립 1206 칭기즈 칸, 몽골 통일 1271 원 제국 성립(~1368) 1299 오스만 제국 성립(~1922)	1336 일본, 무로마치 막부 성립 1368 원 몽골 초원으로 이동, 명 건국(~1644) 1405 명, 정화의 항해(~1433) 1467 일본, 전국 시대 시작	1526 인도, 무굴 제국 성립(~1858) 1603 일본, 에도 막부 성립(~1867)

CHAPTER 1

중세 시대와 중세의 미술

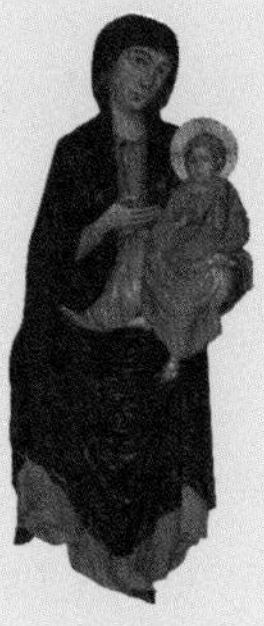

중세 미술가들은 자신들의 재주를 신에게 바치는 일을 신앙을 위한 봉사로 여겼습니다. 중세 시대 성당의 조각, 스테인드글라스, 벽화 등은 예술성보다 종교적인 내용이나 신앙심을 높이는 데에 역점을 두고 제작되었습니다.

르네상스 시대 이전을 중세라고 해요. 중세의 생활은 봉건제와 교회라는 두 제도에 따라 유지되었어요. 특히 교회는 도덕과 생활의 기본 바탕이 되었지요. 중세는 '종교의 시대'라고 부를 정도로 로마 가톨릭교회가 사회의 모든 면을 전적으로 지배했던 시기입니다. 그 시대 교회는 단순히 종교 기관의 역할만 했던 곳이 아니었어요. 아기가 태어나면 교회에서 영세를 받고, 결혼을 하고, 죽으면 장례를 치렀지요. 그뿐이 아니었어요. 로마 가톨릭교회에 속해 있는 수도원은 신학만이 아니라 철학과 법학을 가르치는 대학이기도 했으며, 글을 가르치는 초등학교이기도 했습니다. 또한 옛 책들이 보관되어 있었으며, 필사본을 제작하기도 했으니 오늘날의 도서관이나 출판사 역할도 했다고 볼 수 있습니다. 수도원 중에서도 특히 수녀원에서는 병원을 운영하고, 노인과 고아들을 돌봐 주는 복지 기관의 역할을 책임지고 있기도 했지요.

이처럼 로마 가톨릭교회와 수도원은 중세 시대 최고의 권력 기관이자 교육 기관, 도서관, 병원 등의 기능까지도 담당했습니다. 그리고 시민이 모여 정보를 나누는 공공장소이기도 했지요. 그러니 중세 시대 사람들의 모든 것을 지배하는 절대적인 곳이었다고 해도 과언이 아닙니다. 그에 따라 로마 가톨릭교회는 미술에 장식적인 측면보다는 신앙심을 불러일으키고 종교적 규범을 교육한다는 목적을 부여하였지요. 그러니 당연히 당시 그림이나 조각은 모두 종교적 내용을 소재로 할 수밖에 없었습니다. 즉, 성경의 내용을 그림이나 조각 등으로 표현한 것입니다.

중세의 미술은 전적으로 수도원의 결정에 따르는 것이었지요. 수도사들이 주제를 선택해 주면 미술가들은 그들의 지시에 따라 제작할 뿐이었어요. 또한 수도사들은 수도원에 보관된 채색 필사본이나 크리스트교의 전통을 나타내는 미술품을 보존·관리하는 사람들이기도 했죠.

그런데 하나의 신만을 믿는, 이른바 유일신을 주장하는 크리스트교는 신 외의 다른 존재를 만들어 숭배하는 것은 물론이고 신을 형상화하는 것을 금하고 있었어요. 왜냐하면 신성한 신의 얼굴과 몸을 보이는 대상으로 만든다는 것은 신을 매우 하찮은 존재로 여기는 일이라고 보았기 때문입니다. 그래서 초기 크리스트교 미술은 신의 모습을 대신해서 구체적인 형태가 없는 추상적이거나 기하학적인 문양을 사용했습니다. 고딕 시대 성당의 하나인 샤르트르 대성당의 높은 천장 창문을 장식한 스테인드글라스의 기하학무늬가 대표적 예입니다.

그러다가 6세기에 이르러 문맹자들에게도 그리스도의 가르침

샤르트르 대성당과 스테인드글라스

프랑스의 고딕 양식의 성당 중에서 아름다운 성당으로 꼽히는 샤르트르 대성당은 원형과 반원형, 사각형 등으로 이루어진 추상적인 스테인드글라스가 조형미의 절정을 보여 줍니다. 어두컴컴한 성당 내부에 자리한 화려한 색 유리창은 빛을 받으면 눈부시게 아름답고 황홀한 색채로 반짝거립니다. 마치 신의 은총이 빛이 되어 실내 공간으로 들어오는 듯한 환영을 불러일으키고자 했던 것이지요.

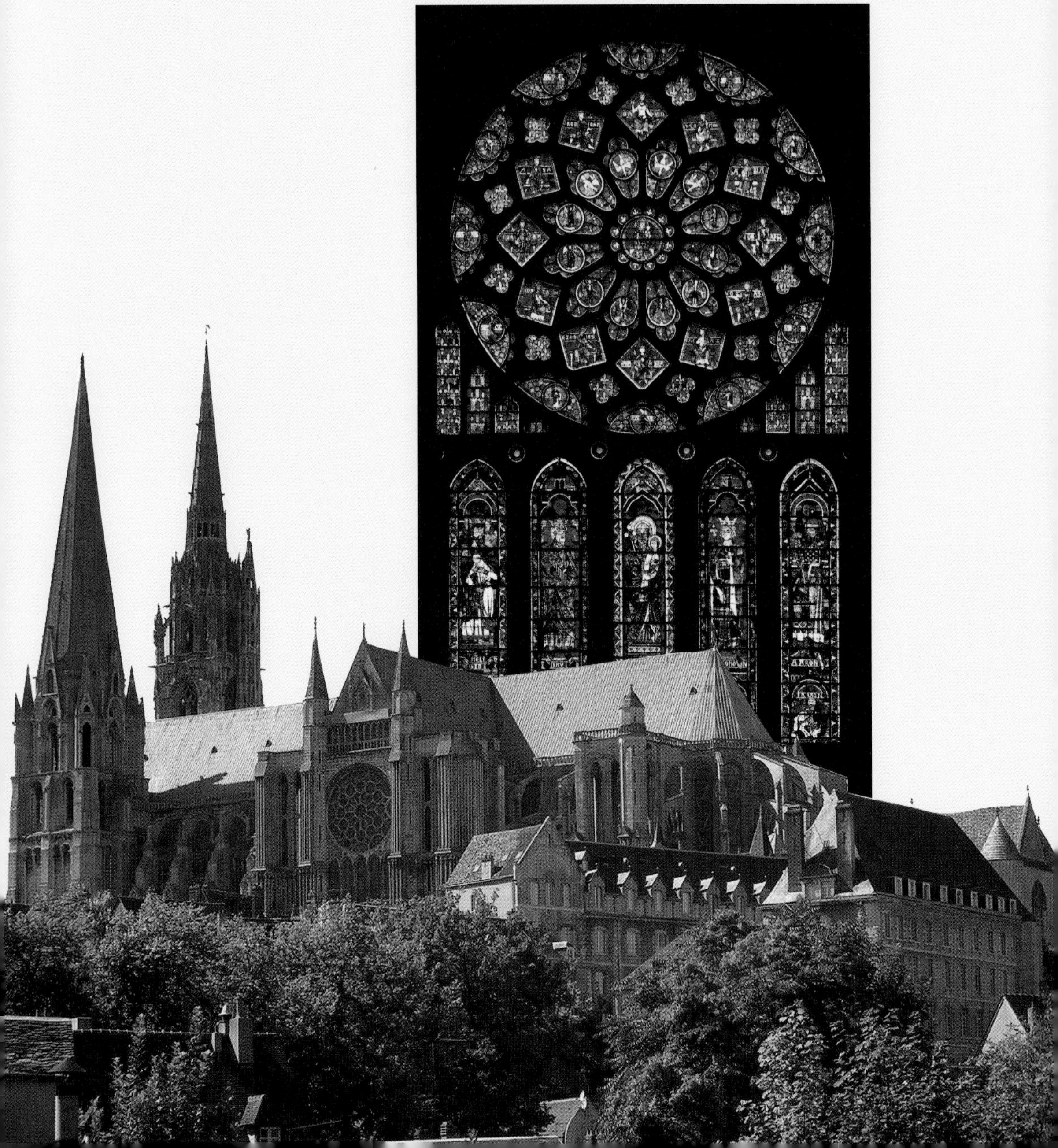

을 형상화해서 알려야 한다는 주장이 새롭게 등장하면서 구체적인 형상을 사용하게 된 것입니다. 중세 교회를 연 교황이자 크리스트교를 더욱 체계화한 교황으로 알려진 그레고리우스 1세(Gregorius I, 재임 590~604)는 "글을 몰라 책을 못 읽는 사람은 성당의 벽면에 걸려 있는 그림을 읽도록 하시오."라는 지시를 내렸어요. 미술이 좋은 교육 수단임을 인정한 것입니다. 무신자나 문맹자를 믿음의 세계로 끌어들이려 할 때 청각보다 시각적인 방법이 훨씬 더 효과적인 수단으로 이용되었던 거예요. 무엇보다도 중세 미술, 즉 크리스트교 미술의 기본적인 사명은 포교였기 때문에 조형적인 아름다움이나 미학적인 특성보다도 도상*들과 성경의 내용이 절대시되었어요. 따라서 그러한 미술은 감성적인 즐거움이나 미적인 체험을 얻기 위해 구상된 것이 아니라 말과 문장, 설교와 같은 역할을 하는 것이었죠.

한편 787년 니케아(지금의 터키 북서부에 있던 도시)에서 당시 섭정 중이던 동로마 제국의 황후 이레네 2세의 주도로 열린 공의회에서는 "종교적 형상의 구상은 미술가들에게 맡겨서는 안 된다. 그것은 로마 가톨릭교회가 내세운 방침과 종교적 전통에 어긋나는 일이기 때문이다. 미술가들은 오로지 기예(기술)만 담당해야 하고 전체적인 배열과 배치는 성직자가 할 일이다."라고 정하게 됩니다.

그러나 성상 제작을 놓고 치열한 찬반 논쟁은 계속되었습니다.

***도상:** 종교나 신화적 주제를 표현한 미술 작품에 나타난 인물 또는 형상.

성상 숭배를 허용하고자 하는 서로마 제국과 이를 반대하는 동로마 제국 사이의 대립이 그것이었지요. 결국 843년 열린 공의회에서 성상 숭배를 허용하는 조항을 제정했고, 성상 숭배의 정당성을 선포하였습니다. 그림이나 조각과 같은 물질로 신의 형상을 만들어 낸 것이 우상 숭배로 연결되기 때문에 부적합하다는 생각을 바꾼 것이지요. 이것은 당시 대부분이 문맹이었던 유럽인들에게 종교적 가르침을 전하기 위해서는 시각적인 도구가 필요하였기 때문입니다. 다만 성상 제작은 철저히 로마 가톨릭교회의 지도에 따라야만 했습니다. 로마 가톨릭교회가 정해 주는 방침에 따라 그림이나 조각이 담을 내용과 표현 방법이 결정되었던 것입니다. 그리고 도상을 만들어 내는 미술가들을 여전히 사회적으로 비천한 일꾼으로 취급했습니다.

교회에 속했던 중세 미술가들은 자신들의 재주를 신에게 바치는 일, 이른바 신앙을 위한 봉사로 여겼습니다.

중세 시대 성당의 조각, 스테인드글라스, 벽화 등은 예술성보다 종교적인 내용이나 신앙심을 높이는 데에 역점을 두고 제작되었습니다. 다시 말해 약속된 틀에 따라 그려지는 이미지들이었던 것이지요. 그리고 그림이나 조각들은 한결같이 신의 말씀, 천상의 세계, 죽음 이후에 갈 수 있는 낙원에 대한 이야기를 보여 주는 것들이었습니다.

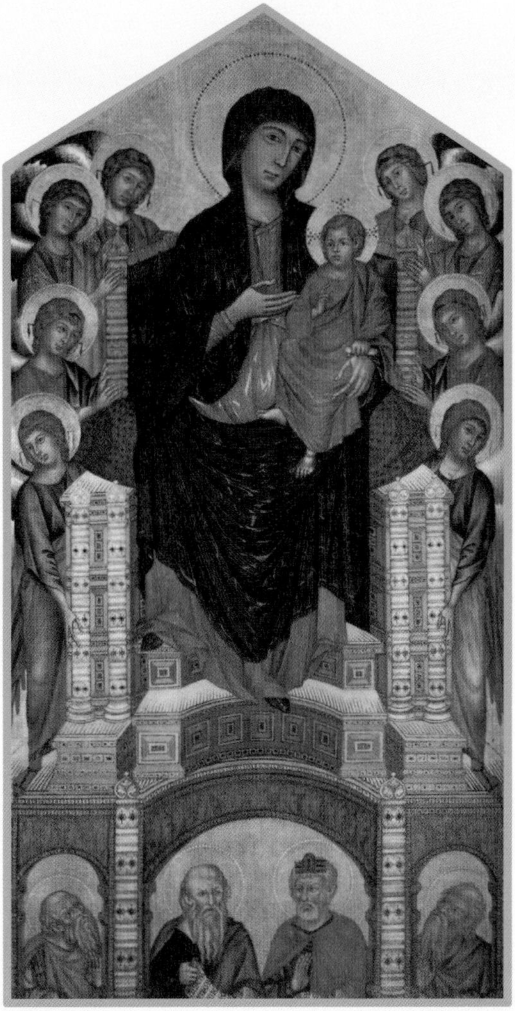

〈천사들과 함께 있는 성모〉

지오토의 스승으로 알려진 치마부에의 그림으로, 중세 시대의 대표적인 종교화입니다. 로마 교회는 성경을 가지거나 읽을 수 없는 사람들을 위해 그림으로 보여 주었지요. 화면 중앙에 성모 마리아가 아기 예수를 안고 앉아 있고, 양옆으로 천사들이 에워싸고 있어요. 신성한 분위기를 강조하기 위해 바닥에 금박을 깔고 그렸으며 이야기의 중요성에 따라 인물의 크기를 구분한 것이 특징입니다.

하지만 현실은 무척이나 고단하고 힘들었습니다. 일반 사람들에게 일상은 가난과 질병, 수탈과 폭력, 두려움이 지배하는 곳이었습니다. 어쩌면 중세 사회를 지배했던 당시의 종교는 힘들고 괴로운 지상의 생활이란 영원하고 행복한 생활로 향하는 데에 거치는 일시적인 단계에 불과하다는 생각을 심어 주고자 했는지 모릅니다. 참고 견디면서 신에게 의지하면 죽은 뒤에 천국에서 구원을 받을 수 있다고 약속한 것이지요. 이러한 약속의 말씀을 눈으로 보여 준 것이 바로 중세의 미술입니다. 따라서 그것은 삶이 이루어지는 현실이 아니라 보이지 않는 저편의 세계에 의미를 두는 것이었습니다. 즉, 현실이 아닌 천상의 세계에 절대적인 가치를 두게 했던 것이었죠.

Chapter 1 도판 정보

치마부에 〈천사들과 함께 있는 성모〉, 1280~1290년경, 피렌체 우피치 미술관

CHAPTER 2

르네상스 시대

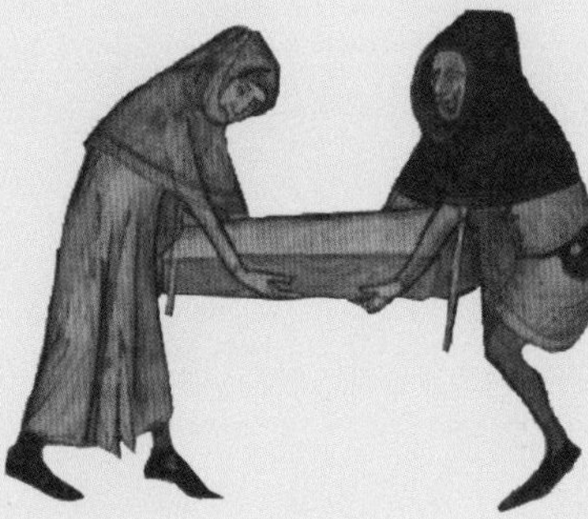

이제 유럽은 종교의 시대에서 국가와 개인의 시대로 옮겨 가기 시작한답니다. 인간성에 대한 인식과 존중이 싹터 사람들의 생활이 바뀌고 자연에 대한 호기심이 생겼으며 미술·문학·과학 등의 분야에 새로운 기운이 일어났어요. 이른바 르네상스 시대가 열린 것이지요.

르네상스 시대는 중세와 마찬가지로 여전히 종교가 지배하는 시대이긴 했지만 이전과는 분명히 달랐어요. 무엇보다도 14세기 유럽을 휩쓴 흑사병(페스트)이 변화에 결정적인 역할을 했어요. 수많은 사람들을 죽음으로 몰고 간 흑사병으로 유럽인들은 엄청난 공포와 두려움에 휩싸였습니다. 이 때문에 사람들은 지금까지 절대적으로 믿고 의지해 왔던 신의 존재와 신의 은총을 의심하기

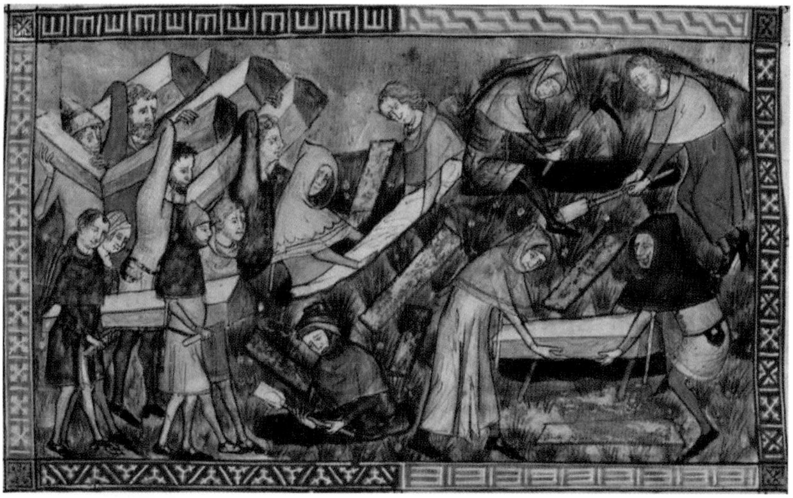

〈투르네의 흑사병〉

페스트는 중세에 유럽에서 유행했던 가장 큰 재앙이었습니다. 내출혈로 인해 생기는 피부의 검은 반점 때문에 흑사병이라고 불렸는데, 기록에 따르면 1347년부터 1351년 사이 약 2천만 명 가까이 죽었다고 합니다. 당시로서는 인간의 힘으로는 어쩔 수 없는 무시무시한 재앙이었지요.

시작하였고 이와 함께 종말론이 유행처럼 번졌습니다. 미신을 믿는 신비주의 광신도들도 등장했어요. 그로 인해 중세 사회를 지배했던 로마 가톨릭교회는 위기에 처하게 되었고 당연히 교회의 최고 권위자인 교황의 권력도 상당한 위협을 받게 되었습니다. 심지어 프랑스 황제가 교황을 아비뇽에 가두는 일도 일어났어요. 이를 '아비뇽 유수'라 하지요. 이로써 중세를 지탱했던 로마 가톨릭교회의 분열이 시작되었습니다.

아비뇽 유수

그동안 유럽의 실질적인 지도자는 교황이었습니다. 그러나 십자군 전쟁 이후 상업과 무역 활동이 활발해지고, 새로운 사회 체제가 요구되었지요. 교황과 봉건 영주의 지배보다는 중앙 집권적 국가, 왕의 보호를 필요로 하는 중산 계급이 등장했으며, 이에 따라 왕의 권력이 강화되었습니다. 이는 자연스레 교황과 왕권의 갈등을 불러일으켰습니다. 당시 프랑스의 왕 필리프 4세(Philippe Ⅳ, 재위 1285~1314)는 교황의 권위에 맞섰으며 이전 교황이 죽자 프랑스 출신의 교황을 마음대로 선출시켰습니다. 그리고 로마에 있던 교황청을 프랑스의 아비뇽으로 옮기고 그곳에 교황이 머물도록 했습니다. 1309년부터 1377년까지 총 7대에 걸친 교황이 로마 교황청으로 돌아오지 못한 이 사건을 아비뇽 유수라고 부르는데, 이는 교황권의 몰락을 상징합니다.

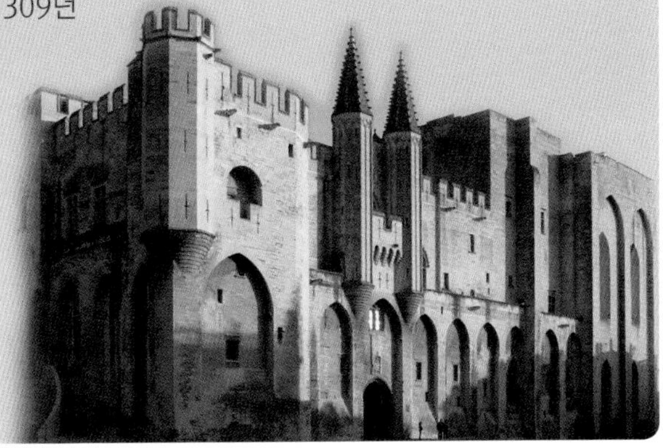

아비뇽에서 로마 교황청으로 돌아온 교황 그레고리우스 11세(Gregorius XI, 재임 1370~1378)가 죽자 로마 시민들은 이탈리아인 교황을 뽑아 줄 것을 요구했습니다. 이에 이탈리아인 우르바노 6세(Urbanus VI, 재임 1378~1389)가 교황으로 선출되었지요. 그러나 이에 반발한 프랑스 추기경들은 스위스 제네바 출신의 로베르토를 교황으로 선출하지요. 그가 바로 클레멘스 7세(Clemens VII, 재임 1378~1394)입니다. 이로써 교황이 둘이 되어 버렸고, 교회의 대분열이 시작되었지요. 프랑스 교황 측에는 프랑스, 스코틀랜드, 에스파냐, 포르투갈, 사보이(이탈리아와 접하는 프랑스 남동부 지방의 옛 이름), 로렌(프랑스 북동부에 위치한 도시)이 섰고, 로마 교황 측에는 영국, 신성 로마 제국(오늘날의 독일), 이탈리아, 덴마크, 스웨덴, 폴란드가 섰습니다. 계속된 분열로 14세기 이후 교황의 권위는 급속히 땅에 떨어졌어요.

또한 개혁적 성향의 신부들은 성직자와 교황청의 부패를 비판하고, 교황이 로마 가톨릭교회의 대표자임을 부인하기까지 했어요. 대분열을 해결하기 위해 열린 1414년 콘스탄츠 공의회는 기존 교황을 폐위하고 새로운 교황 한 명을 선출한 뒤, 개혁적 성향의 신부들을 모두 이단으로 몰아 사형시켰습니다. 그러나 이후에도 신부들의 저항은 빈번하게 일어났어요. 그런가 하면 이탈리아의 신학자 토마스 아퀴나스는 "로마 가톨릭교회만이 영혼을 구원할 수 있는 기관이므로 누구든지 구원을 받으려면 반드시 로마 가

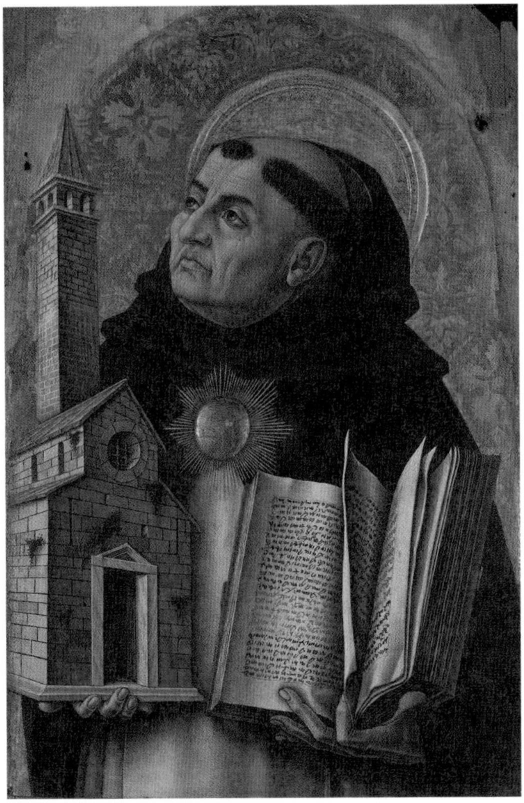

토마스 아퀴나스

로마 가톨릭교회의 저명한 신학자이자 스콜라 철학자입니다.

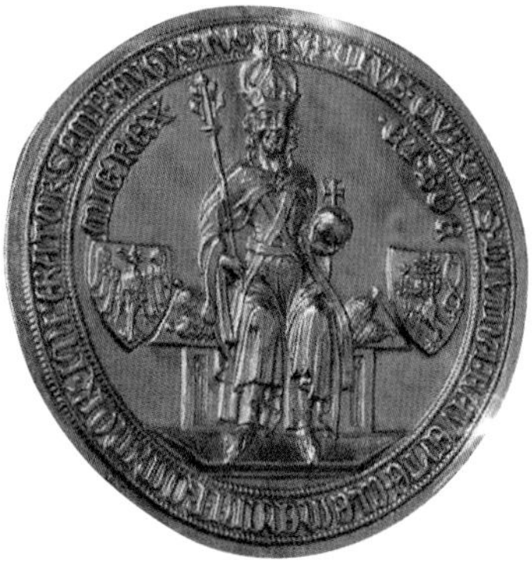

금인 칙서

1356년 금인 칙서에 인쇄된 신성 로마 제국의 카를 4세의 인장입니다.

톨릭교회 안으로 들어와야 한다."라고 주장하면서 분열된 교회의 통합을 적극 주장하기도 했습니다.

당시 유럽은 교회의 분열 못지않게 정치적인 변화도 크게 겪고 있었습니다. 신성 로마 제국은 교황이 정치 문제에 간섭하는 것을 막고 각 제후들의 권력을 보장해 주기 위해 1356년 '금인 칙서(황금 문서)'를 발표했어요. 이 칙서에 따라 선제후 일곱 명이 황제를 뽑는 바람에 황제권이 쇠퇴했고, 각 도시 국가들의 분열은 계속되었습니다. 한편 프랑스는 영국과의 백년 전쟁으로 황폐화되었지요. 이처럼 1400년대를 중심으로 전후 반세기 동안 유럽 세계는 혼란의 극치를 보였어요.

백년 전쟁

백년 전쟁은 프랑스의 왕위 계승권을 두고 프랑스와 영국이 싸운 전쟁입니다. 프랑스의 샤를 4세가 자손 없이 세상을 떠나자 사촌 동생인 필리프 6세가 뒤를 이었습니다. 그러자 영국 왕은 자신의 어머니가 샤를 4세의 누이라는 사실을 내세우며 프랑스의 왕위가 자기 것이라고 주장했지요. 물론 프랑스 왕이 발끈했고 결국 두 나라는 전쟁을 시작했습니다.

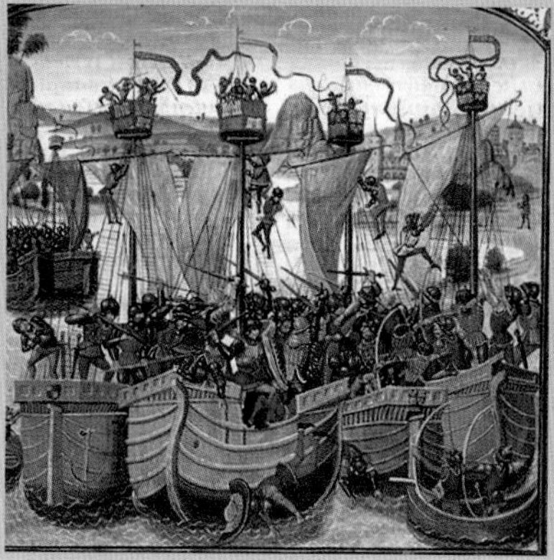

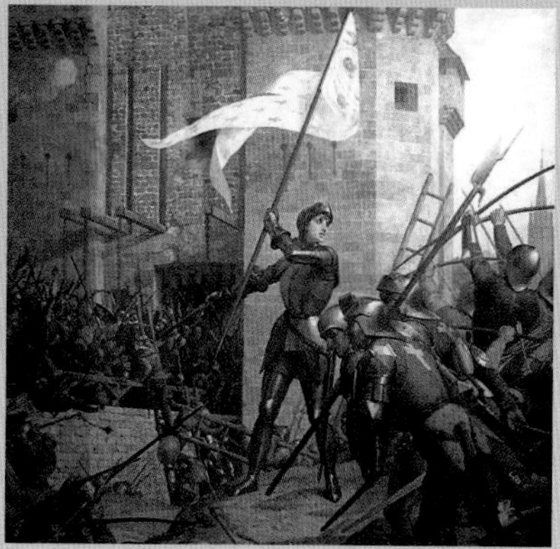

어느 정도 시간이 지나자 프랑스는 국왕 루이 11세(Louis Ⅺ, 재위 1461~1483)가 주도면밀하게 영토를 통합하여 왕권을 강화하였고, 샤를 8세가 1494년부터 여덟 차례나 이탈리아를 놓고 전쟁을 벌였습니다. 또한 영국은 1485년 헨리 7세(Henry Ⅶ, 재위 1485~1509)에

서 시작한 튜더 왕조가 등장했고, 에스파냐는 1479년에 아라곤 지역과 카스티야 지역을 합병했으며, 1519년에 카를 5세(Karl V, 에스파냐 재위 1516~1556, 신성 로마 제국 재위 1519~1556)가 신성 로마 제국의 황제로 즉위하였습니다. 한편 이탈리아는 16세기 초엽에 야심찬 교황의 등장으로 신앙의 중심지라기보다, 일종의 강대한 군주제 국가 같은 성격을 보이면서 바야흐로 근대 국가 체제가 시작되었습니다. 이에 발맞추어 십자군 전쟁의 여파로 동방 무역도 확대되어 더욱 부강해진 베네치아가 피렌체를 대신하여 알프스 이북의 나라들과 세력 다툼을 하게 되었죠. 십자군이 육로로 집결하여 소아시아로 넘어가려면 이탈리아의 북부 도시를 반드시 거쳐야 했기에 이곳에 군함과 보급품 조달지가 형성되었습니다. 자연히 이곳에는 부를 축적한 상공업자들이 다수 등장하였고, 이후 시민 계급으로 성장하였습니다. 이들이 바로 르네상스의 주역이

십자군 전쟁

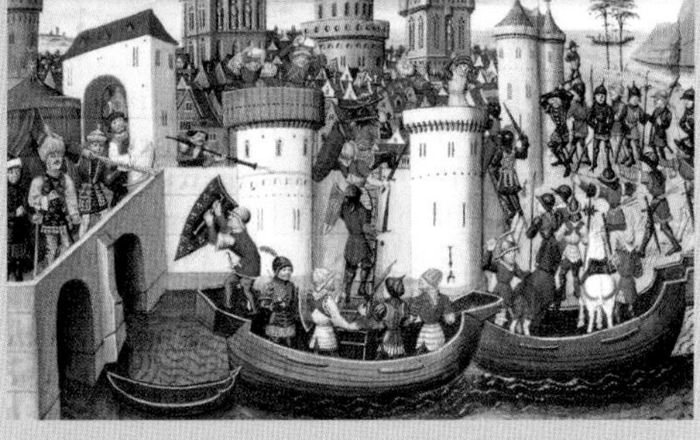

중세 유럽에서, 기독교도가 팔레스타인과 예루살렘을 이슬람교도에게서 다시 찾기 위하여 일으킨 전쟁입니다. 종군자가 십자의 기장을 단 데서 유래하는데, 1096년부터 13세기 후반까지 여러 차례에 걸쳐 약 700만 명을 동원하였으나 목적을 달성하지 못했습니다.

지요.

이러한 과정을 겪으며 유럽은 종교의 시대에서 국가와 개인의 시대로 옮겨 가기 시작한답니다. 인간성에 대한 인식과 존중이 싹터 사람들의 생활이 바뀌고 자연에 대한 호기심이 생겼으며 미술·문학·과학 등의 분야에 새로운 기운이 일어났어요. 이른바 르네상스 시대가 열린 것이지요.

르네상스 시대는 토지를 중심으로 하는 농업보다는 황금으로 만들어진 돈을 중심으로 하는 상업의 시대였어요. 상업 중심의 시장 경제가 이루어지려면 공통적으로 사용하는 화폐가 있어야 하고 그것이 서로 통용되는 영역, 그리고 그것을 가능하게 해 주는 여러 규범이 필요합니다. 그러한 필요에 따라 요구되었던 것이 바로 강력한 통치와 법체계를 갖는 국가와 관료 체제입니다. 서로의 거래를 보호하는 체제가 있어야 안전한 상업 행위가 가능하기 때문입니다. 그래서 상인들은 절대적인 권력 체제를 선호하게 됩니다. 이는 교회가 삶의 중심이 되었던 중세 때와는 무척 다른 권력 구조라고 할 수 있습니다. 국경, 국가, 민족, 법체계 등으로 이루어진 근대 민족 국가의 필요성이 서서히 요구되면서 교회가 모든 부분에서 절대적인 권력을 잡았던 중세 봉건 사회가 무너지고 새로운 근대 자본주의 사회가 조금씩 자리 잡기 시작하였습니다.

Chapter 2 도판 정보

〈투르네의 흑사병〉, 《생 마르탱 수도원장 질 르 뮈지의 연대기》 삽화, 벨기에 왕립 박물관

CHAPTER 3

르네상스 미술

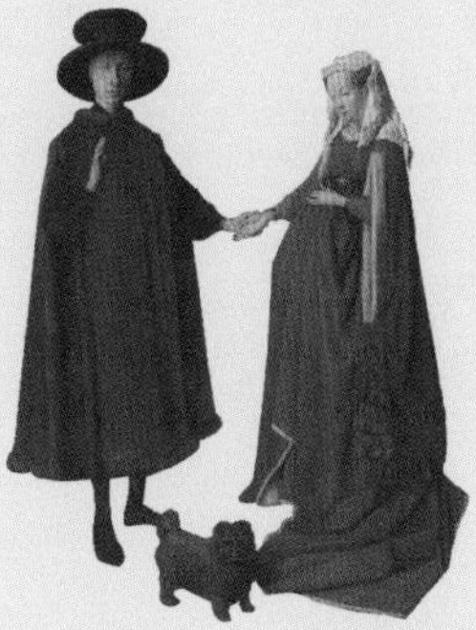

르네상스 미술을 경제적으로 뒷받침해 준 것은 지난날처럼 교회나 수도원이 아니라 대도시의 부유한 시민 계급이나 군주, 귀족이었어요. 이들은 활발한 상업 활동과 전쟁 등을 통해 축적한 재력으로 예술을 후원하여 르네상스의 찬란한 예술을 꽃피웠습니다.

르네상스를 흔히 '인간을 발견한 시대'라고 말합니다. 신이 중심이 된 중세에서 인간 중심의 세계, 즉 모든 것을 신이 아니라 인간적으로 보는 방식이 지배하는 세계로 전환되었다는 겁니다. 르네상스 시대의 '인간의 발견'이란 뜻은 인간이 신을 대신한다는 것이 아니라, 이성적 존재인 인간에 대한 믿음을 바탕으로 인간의 능력을 존중한다는 것입니다. 종교가 자신의 삶을 계획하거나 정하지 않고 인간 스스로가 결정한다는 생각은 르네상스 시대에 이르러 가능해진 획기적인 전환이었지요. 물론 이것이 온전히 이루어지기 위해서는 좀 더 많은 시간이 필요했지만, 당시로서는 엄청난 사건이었습니다.

인간이 인간으로서의 존엄과 자부심을 찾기 위해서는 인간의 관심을 천상에서 지상으로, 내세에서 현세로 끌어 내릴 수 있는 어떤 가치관이 있어야 했습니다. 따라서 종교적인 가르침을 내세우는 삶 대신 자연과 인간에 중심을 둔 이른바 자연주의와 인문주의 사상이 새로운 가치로 탐구되기 시작했습니다. 이러한 탐구가 문화와 예술 분야에서 빛을 발하면서 등장한 것이 르네상스 문화와 예술입니다. 르네상스는 새로운 시대를 꿈꾸고자 하는 혁신 속에서 가능한 것이었는데, 이 물결의 조짐은 이탈리아의 피렌체에서 싹트기 시작했습니다.

14세기 이탈리아 북부에 위치한 도시 국가 피렌체는 국제 교역과 은행업의 중심지였고 이를 통해 상당한 재산을 쌓을 수 있었습니다. 이러한 배경을 바탕으로 피렌체는 16세기에도 유럽의 경제권을 지배하였지요.

피렌체는 당시 유럽의 대표적인 상업 도시로 매우 현실적이고 진취적인 사고방식을 가진 상인들의 도시였습니다. 다른 지역 도시들에 비해 피렌체 상인들이 특히 그러했다고 합니다. 그들은 그 무엇보다도 현실에서 어떻게 해야 행복한 삶을 추구할 수 있으며, 자신들의 막대한 재산이 어떻게 후손들에게 이어질 수 있을지에 대해 관심을 가졌습니다. 따라서 당연히 안정적인 정치 체제를 선호했고 매사에 현실적인 가치를 중시했습니다. 동시에 이윤을 남길 수 있는 사업을 확장하고 새로운 사업을 벌이는 실천력도 남다른 편이었습니다.

당시 상인들이 요구했던 것은 무엇보다도 상업 활동을 할 때 필요한 정확성과 엄격성이었습니다. 이를 반영하는 것이 지도 제작과 천문학인지라 이에 대한 연구가 활발해졌습니다. 아울러 선박 도구, 지구의(지구본), 나침반 등이 만들어졌으며 과학과 기술이 모든 면에서 발달하였습니다. 이러한 기계 기술의 광범위한 발달은 관찰 습관의 중요성을 깨닫게 했고, 인간의 호기심과 탐구심을 분출하게 하였습니다. 이는 결국 사람의 정신까지도 새롭게 만들었습니다. 동시에 이와 같은 기술의 과학적인 탐구는 르네상스 시대 이전의 예술 표현 방법도 다시 검토하게 하였습니다. 예술 역시 정확성과 엄밀성, 관찰의 중요성을 기준으로, 과학적이고 이성적인 방식에 따라 제작되기 시작한 것입니다. 그러면서 화학, 야금술, 해부학, 회화, 조각 등의 분야에서도 이전과는 다른 완전히 새로운 표현 수단이 나오기 시작하였습니다. 이는 미술에 큰 영향을 끼쳤고 사실주의적 미술, 혹은 재현주의적 미술이 탄생하는 계기가 되었습니다.

르네상스 시대에 그려진 사실적인 그림은 이전 시대에 그려진 그림과 확연히 다릅니다. 중세 시대에는 대상을 눈에 보이는 대로 정확하게 그리는 것이 아니라 종교적 교리와 필요에 따라, 또한 그려지는 인물의 중요성에 따라 크기와 배치를 정했습니다. 공간 구성과 색채 역시 임의로 정해진 규칙을 따르는

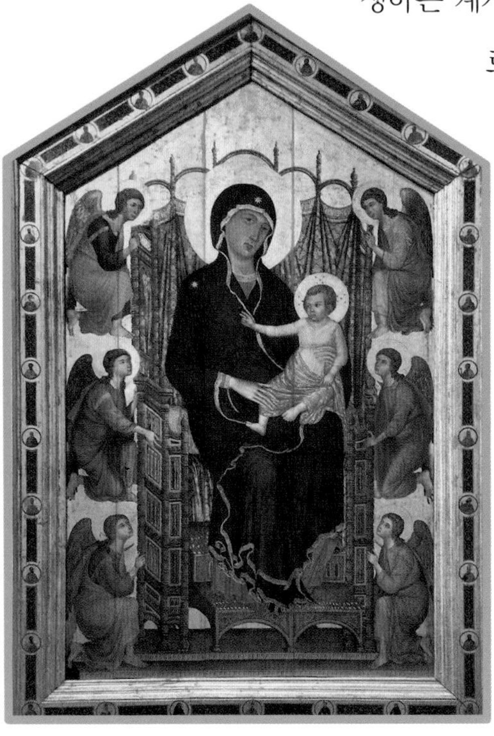

〈루첼라이의 성모〉

두초 디 부오닌세냐의 작품으로, 그는 젊을 때 치마부에의 화풍에 영향을 받았지요. 시에나 대성당의 제단화입니다.

그림이었습니다. 예를 들어 원근이 없는 납작한 평면의 화면 중심부에는 아기를 안고 있는 성모 마리아를 가장 크게 그립니다. 성모 마리아 주변으로는 천사와 성경에 등장하는 주요 인물들을 정해진 양식에 따라 상대적으로 매우 작게 그린 뒤, 신성한 그림이라는 뜻에서 황금색을 입힙니다. 이러한 그림을 우리는 흔히 도상화(이콘)라고 부릅니다.

반면 르네상스 시대에 그려진 종교화는 같은 내용을 담고 있다 하더라도 중세의 도상화와는 다른 모습을 보입니다. 마치 실제 현실에서 일어나고 있는 장면을 그대로 재현하고 있는 듯이 그리지요. 이전과는 완연히 다른 과학적이고 합리적이며 창의성을 지닌 미술이 탄생한 것입니다.

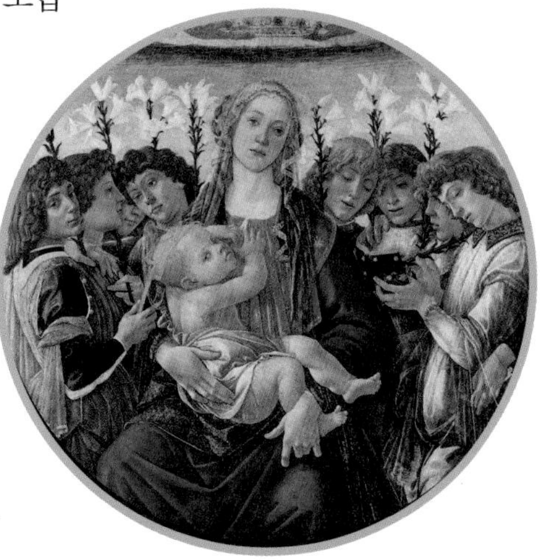

〈여덟 천사와 함께한 백합의 성모〉

보티첼리가 그린 르네상스 시대의 종교화입니다.

또한 중세가 건축물을 중심으로 그곳의 외벽과 내부를 장식한 조각 중심이었다면, 르네상스는 무엇보다도 회화가 중심이 되었으며 조각의 형태가 건축물의 형태에서 벗어나 자유로워졌습니다. 르네상스의 건축은 중세 유럽의 건축을 지배하던 고딕 양식에 대항하면서 시작됩니다. 중세의 고딕 양식은 프랑스 파리를 중심으로 성행한 건축 양식으로, 12세기 중반부터 15세기 무렵까지 지속되었습니다. 고딕 건축의 특징은 뾰족한 첨탑에, 내부는 둥근 기둥과 갈빗대 모양의 뼈대(리브)로 상승하는 수직감을 주면서 스테인드글라스 장식을 사용한 것을 들 수 있습니다. 대표적인 고딕 양식 건축물로는 프랑스의 노트르담 대성당과 랭스 대성당, 아미앵 대성당, 샤르트르 대성당, 독일의 쾰른 대성당, 이탈리아의 밀라노 대성당 등을 꼽을 수 있습니다. 성당은 하느님의 왕국, 즉 신의 요새를 상징적으로 지상에 세운 것입니다. 중세 시대에는 단단한 돌을 이용해 지은 높고 뾰족한 탑과 화려하게 성당 내부를 물들이는 스테인드글라스로, 성당이 신의 은총을 받는 곳이자 신이 거주하는 곳이라는 느낌을 실감하게 했지요.

반면 르네상스는 중세 시대 고딕 양식의 웅장함보다는 실용성과 내부를 장식하는 구체적인 그림에 주목합니다. 인간의 모습을 한 성경 속 등장인물들이 매우 실감나게 그려지기 시작합니다. 이전과는 너무나 다른 그림의 등장이지요.

르네상스 시대의 예술가들은 위대한 인간으로서의 존엄을 지니는 것을 고귀한 명예로 삼고, 인간이 발전하여 영원한 존재가 되는 것을 원했습니다. 그로 인해 다분히 정적이고 수동적인 중세의 인간관에서 벗어나 적극적이며 창조적인 인간관으로 변하였지

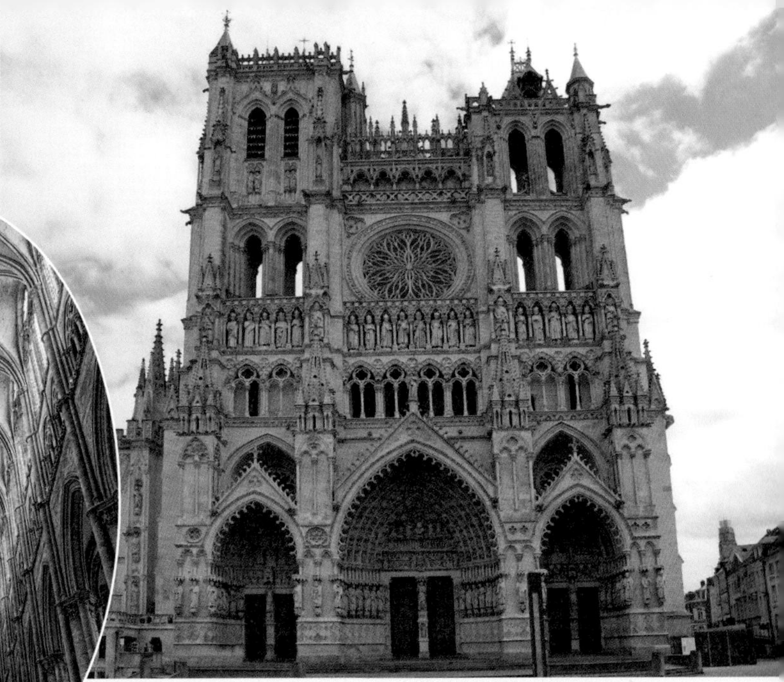
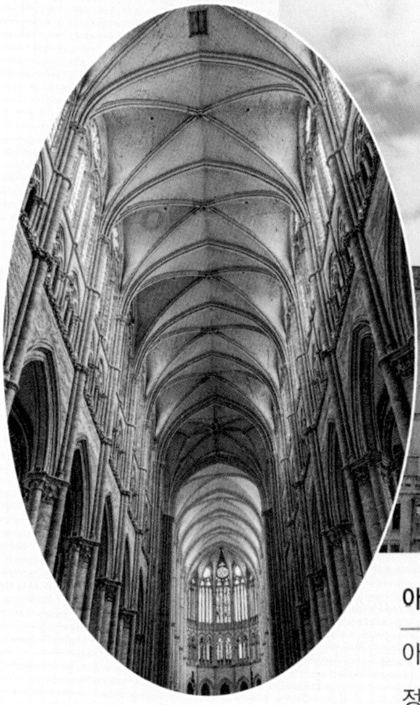

아미앵 대성당

아미앵 대성당은 중세 시대 고딕 건축의 대표적인 예이자 절정으로 손꼽힙니다. 13세기에 건설되었으며 높이는 약 43미터로 프랑스에서 완성된 대성당 중에서도 규모가 매우 큰 편입니다.

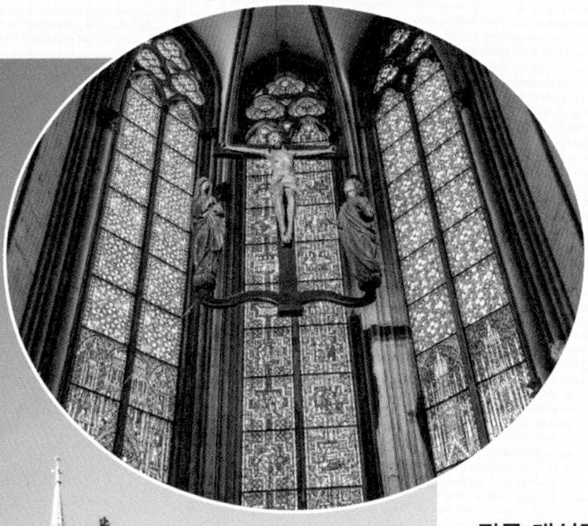
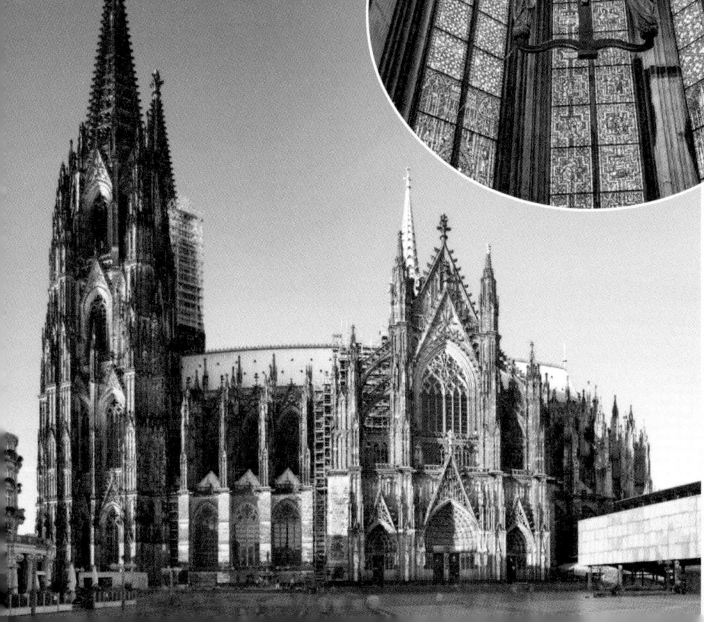

쾰른 대성당

1248년부터 짓기 시작해 1880년에 완공된 쾰른 대성당은 중세 고딕 건축물의 걸작 중 하나로 알려져 있으며, 성당을 가득 채운 스테인드글라스로도 유명합니다.

요. 즉, 르네상스는 '인간이 어떠한 존재가 될 것인가' 하는 문제가 중세 시대처럼 신의 은총으로 결정되는 게 아니라 인간 스스로 택하는 것이라고 생각했습니다. 이것은 인간의 주체성을 중시하는 창조적인 인간주의를 지향하는 일이기도 합니다. 그래서 르네상스 시대에는 교양을 갖춘 사람, 능동적인 사람, 창조적인 사람 등 새로운 유형의 사람이 출현하였으며, 이러한 사람들이 존경을 받았습니다. 이렇듯 달라진 인간관은 르네상스 시대에 놀라운 건축물과 뛰어난 예술 작품 등이 나올 수 있는 배경이 되었습니다.

이제 예술은 인간의 위상을 높이는 것으로 여겨졌으며, 인문주의 학자들의 주된 연구 과제가 되었습니다. 예술도 종교만큼 중요해진 것입니다. 예술가들은 스스로 탐구하는 자세를 가지고 과학과 이성 세계를 섭렵하면서 창조 활동을 적극적으로 펴 나갔습니다. 15, 16세기에 들어서면서부터 예술가가 한 개인으로서 사회에 등장하여 창의적이고 개성적인 업적을 이루는 일이 가능해졌습니다. 놀라운 일이었지요. 처음으로 '작가'나 '작품'이라는 의미 있는 용어가 쓰였고, 작가가 자신의 작품에 서명하는 행위가 일상적인 일이 되었습니다.

르네상스 이전의 중세 시대 미술가들은 미술을 교회가 주문하는 대상으로 취급했습니다. 르네상스도 여전히 종교가 힘이 센 사회이긴 했지만, 예술이 더 이상 교회가 정해 준 규범을 따르는 것이 아닌 과학적으로 탐구하는 행위 중 하나가 되었습니다. 예술가가 지향해야 하는 기본적인 목적이 자연에 대한 연구가 된 것이지요. 신의 말씀을 기록하는 것도 중요하지만, 자신들이 살고 있는 세계를 관찰하고 구조를 파악하며 이를 정확히 묘사하는 일이 시급해진 것입니다. 다시 말해 예술가는 외부 세계의 발견에 힘쓰고 인문주의 정신을 적극적으로 제시하는 존재가 된 것이지요.

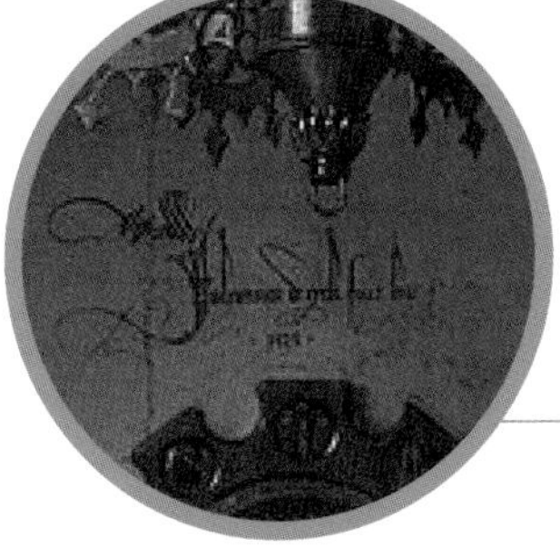

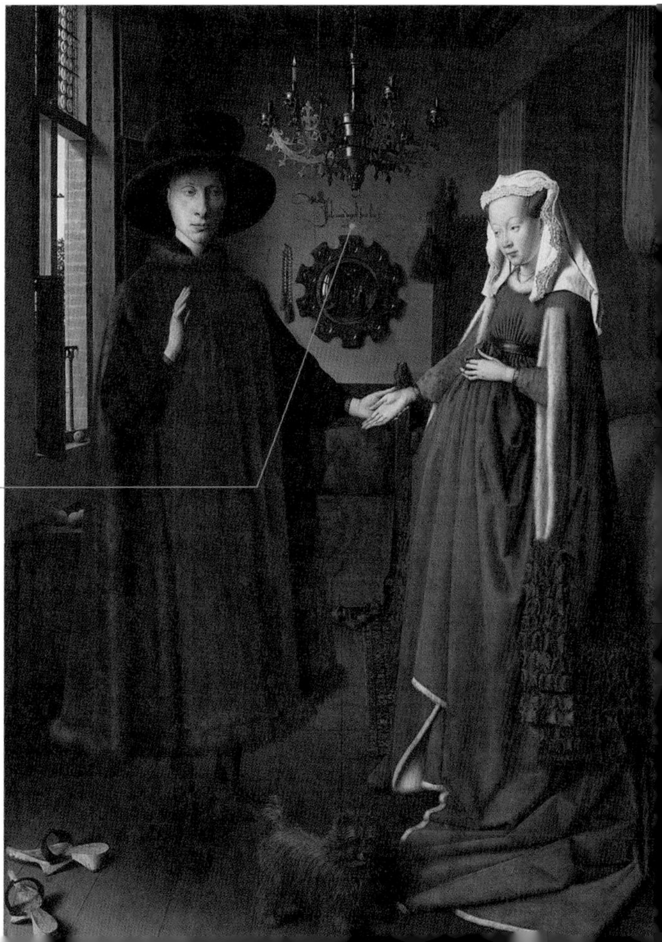

〈아르놀피니의 결혼식〉

서양에서 최초로 그려진 유화 작품이며, 최초로 모델의 전신을 그려 놓은 초상화입니다. 벽에는 라틴어로 '얀 반 에이크 여기에 있었다, 1434'라고 쓰여 있습니다.

르네상스 정신을 반영하는 새로운 미술은 유럽의 대표적인 상업 도시였던 피렌체에서 가장 먼저 등장하였습니다. 그리고 이탈리아 각지로 퍼져 나가 유럽 전역으로 확대됩니다. 고대 로마 제국 시대의 모든 길이 로마로 통했다면, 르네상스 시대의 모든 길은 피렌체로 통했습니다.

피렌체의 막강한 경제력과 합리적이고 진취적인 정신은 매우 신선했습니다. 이를 바탕으로 예술에서 여러 새로운 표현을 시도할 수 있었습니다. 피렌체의 예술은 오래되고 낡은 수도원의 내부를 새롭게 장식하기 위한 회화를 중심으로 발전했습니다. 아울러 불가능할 것이라고 생각했던 산타 마리아 델 피오레 대성당의 돔을 완공했고, 원근법이 등장했으며, 기마상과 기념비적인 거대한 조각상이 제작되었습니다. 새로운 문화를 열망하는 피렌체의 군주와 부유한 상인들에게 기술자이자 예술가인 필리포 브루넬레스키, 로렌초 기베르티, 파올로 우첼로, 피에로 델라 프란체스카와 같은 인물들이 모여들었습니다. 모두 창의성이 강하고 과학적인 두뇌와 예술적인 기량을 겸한, 이른바 '르네상스인'이라고 불리는 사람들이었습니다. 이들의 공통점은 인간의 존엄성을 최고의 가치로 삼는다는 인본주의와 휴머니즘이었는데, 이것이 바로 르네상스 문화와 예술의 핵심적 가치였습니다.

르네상스를 태동시킨 피렌체의 부자 상인들은 대부분 양모 무

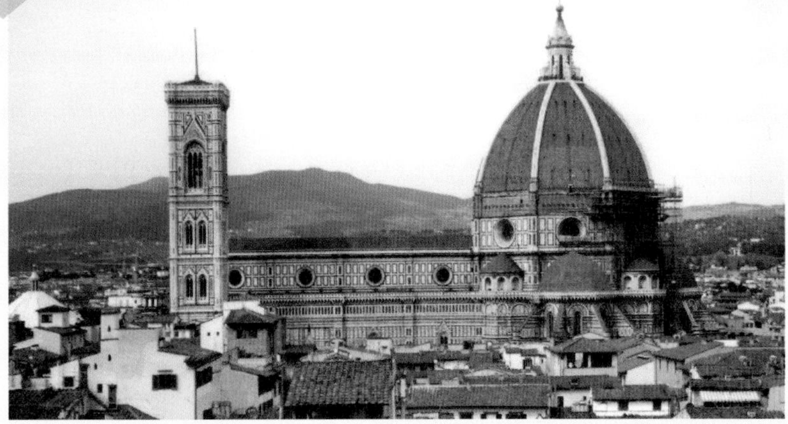

산타 마리아 델 피오레 대성당

산타 마리아 델 피오레 대성당은 1296년 아르놀포 디 캄비오의 설계로 공사가 시작되었습니다. 이후 지오토, 피사노, 프란체스코 탈렌티, 브루넬레스키 등이 이어서 공사를 담당했지요. 산타 마리아 델 피오레 대성당의 돔은 로마 시대 건축물인 '판테온'을 모방해 지었습니다. 브루넬레스키가 1420~1434년에 걸쳐 올렸지요. '두오모 대성당', '피렌체 대성당'이라고도 부르는 이 성당은 천재적인 수학 계산법과 기술이 하나로 결합된 건축물입니다.

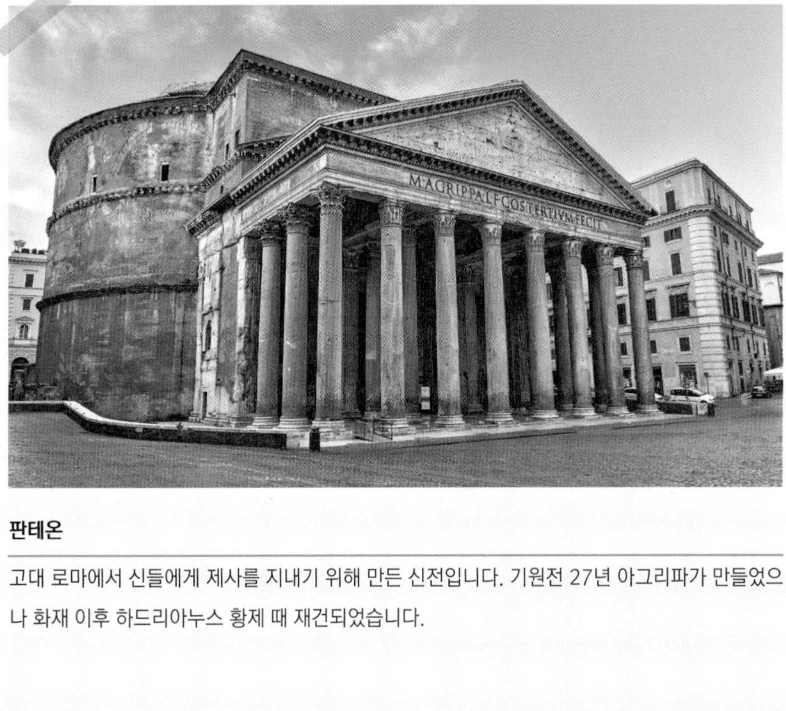

판테온

고대 로마에서 신들에게 제사를 지내기 위해 만든 신전입니다. 기원전 27년 아그리파가 만들었으나 화재 이후 하드리아누스 황제 때 재건되었습니다.

역과 고리대금업으로 부를 축적해 왔습니다. 이런 부유한 상인들의 명예욕과 정치적 욕망이 작품을 통해서 드러나는 것이 르네상스 예술의 특징이기도 합니다. 세속적 욕망을 자유롭게 추구하던 도시 상인들의 후원을 받은 인문학자들은 지적 능력과 창의력이 높으며, 실용적이고 합리적인 관점을 지닌 이들이었습니다. 피렌체의 상인들과 같은 생각을 지닌 이들이었지요. 상인과 성직자, 인문학자 들은 서로 소통하면서 새로운 질서로 국가를 세우는 열망을 품었으며, 이를 바탕으로 예술과 문화를 꽃피웠어요. 그리고 새로운 사상과 질서, 법률을 절실히 원했던 피렌체를 중심으로 펼쳐지게 됩니다.

당시 지식의 산실이라는 수도원들은 여전히 종교의 권위를 앞세우고 금욕적인 삶을 요구하

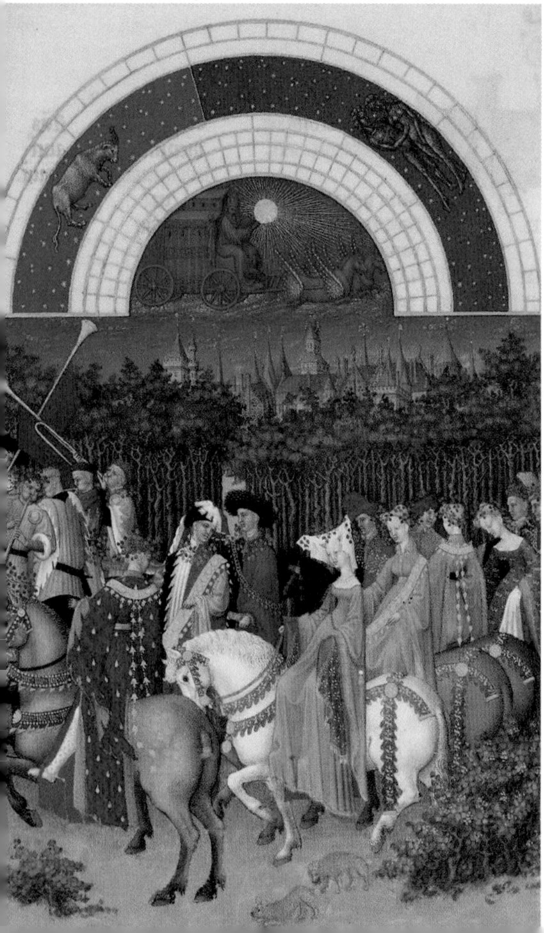

〈베리 공작의 매우 호화로운 기도서〉 중 5월

베리 공작은 샤를 5세의 남동생으로 막대한 영토를 비롯한 재산을 소유하고 있었습니다. 그는 예술품 수집으로 유명하였는데 특히 당시 중요한 예술품이자 귀중품으로 인정받았던 채색 필사본을 여러 권 주문하였습니다. 〈베리 공작의 매우 호화로운 기도서〉는 베리 공작이 소유했던 수많은 채색 필사본 중에도 특히 돋보이는 작품입니다. 랭부르 형제가 그린 이 그림은 화려한 궁정 생활을 잘 보여 주고 있습니다. 신랑, 신부는 사랑의 눈으로 서로를 바라보며, 발끝의 강아지들도 사랑을 나눌 태세입니다. 결혼식 행렬의 차림새와 치장이 예사롭지 않습니다.

였습니다. 개인의 자발성을 억제하고 독특한 체제의 규율에 따라 집단적인 기품을 유지하며, 엄격한 탐구의 길을 고수함으로 권위적인 이념을 내세웠어요. 그러나 피렌체의 메디치 가문 별장에 자리한 플라톤 아카데미는 자유로운 지식 탐구가 더 좋은 내일을 기약한다고 믿었습니다. 성경뿐만 아니라 다양한 학문과 사상을 통해 새로운 미래를 설계하고자 했지요. 이는 엄청난 변화입니다.

르네상스의 인문주의자들은 그리스에서 수집해 온 고전들을 라틴어로 번역하고 읽기를 반복했다고 합니다. 또한 시와 음악을 구상하는 예술 활동에 열중했으며, 여러 가지 주제를 놓고 토론했습니다. 이들은 이른바 신(新)플라톤주의자* 들이기도 한데, 신플라톤 사상이란 고대를 바탕으로 한 인간 중심의 인문주의와 중세의 크리스트교를 철학의 테두리 안에 모두 흡수하여 하나의 새로운 종합 체계로 만들어 낸 철학을 말합니다. 이러한 사상 체계는 플라톤 아카데미와 접촉하고 있던 산드로 보티첼리는 물론이고 레오나르도 다빈치, 라파엘로 산치오, 미켈란젤로 부오나로티 같은 예술가들에게도 깊은 영향을 주었어요. 이들은 그러한 영향을 바탕으로 새로운 그림과 조각을 만들어 낼 수 있었고, 이를 우리는 르네상스 미술이라고 부른답니다.

이와 같은 르네상스 미술을 경제적으로 뒷받침해 준 것은 지난날처럼 교회나 수도원이 아니라 대도시의 부유한 시민 계급이나

---

* **신플라톤주의자:** 플라톤의 이데아론에 영감을 받았던 철학자들을 흔히 신플라톤주의자라고 부릅니다.

군주, 귀족이었어요. 이들은 활발한 상업 활동과 전쟁 등을 통해 축적한 재력으로 예술을 후원하여 르네상스의 찬란한 예술을 꽃피웠습니다. 무엇보다도 자신들의 궁정과 저택을 장식할 예술품을 주문하거나 구입하였고, 성당에 제단화를 기증한다거나 성당을 건축하며 예술을 후원하고 장려했습니다. 또한 화가들은 로마가톨릭교회를 장식하는 종교적 주제의 미술에 인간적인 표현을 도입하기 시작합니다. 이들은 중세 시대의 종교 미술이 지닌 딱딱하고 틀에 박힌 도상에서 벗어나 사실적이고 생명을 지닌 형상을 만들었어요. 눈으로 보며 직접 현실을 접하도록 돕는 것이 화가의 일이라고 생각했기 때문이지요. 그러니까 현실 세계는 감각을 통하여 직접 우리에게 들어오는 바깥세상이자 심리적으로 이해되는 상태로서의 세계라는 겁니다. 이런 생각은 중세와는 근본적으로 다른 생각입니다. 중세 미술의 기본 방침이란 '화가는 마음속에 있는 이상적인 상에 따라서 제작한다.'라는 것이었어요. 이미 로마가톨릭교회가 정한 이상적인 기준이 있다고 한 것이지요. 반면 르네상스 미술인들은 정해진 기준에 따라 그리는 것이 아니라 자신의 눈으로 본 그대로를 그리겠다는 것입니다. 놀라운 사고의 전환이지요. 이것은 중세 미술의 기본을 완전히 거부하는 자세입니다.

예를 들어 르네상스 초기의 대표적인 화가인 지오토 디 본도네(Giotto di Bondone, 1266?~1337)를 살펴볼까요? 지오토는 13~14세기 이탈리아 르네상스를 선도하며 중세 미술에서 벗어나 르네상스 미술의 문을 연 화가입니다. 그는 오늘날 회화의 요소인 이야기식 표현과 해부학적 묘사, 그리고 원근법의 선구자로 알려졌습니다.

이야기식 표현이란 마치 실제 눈앞에서 특정 상황이 전개되고 있는 듯이 그리는 것을 말합니다. 지오토는 처음으로 사실적인 묘사를 화면에 도입한 화가로, 중세 미술에서 보이는 전형적인 도상, 규범에 따른 그림에서 벗어나 보이는 모습 그대로를 그리려 했습니다.

지오토는 이미 1400년대 이전에 피렌체에서 거리감과 공간감, 입체감 등을 그림을 통해 만들어 보인 것이지요. 중세 시대 그림은 정해진 규범에 따라 중요한 인물을 중앙에 크게 두고 주변에 작은 인물들을 배치하였습니다. 묘사 역시 평면적이었다면, 지오토의 그림은 그와 확연히 다른 모습입니다. 모든 인물을 실제 크기에 비례하도록 그렸고 일상의 풍경이 구체적인 배경으로 자리합니다. 그리고 원근법, 입체감을 살린 명암법 등이 본격적으로 등장합니다. 그래

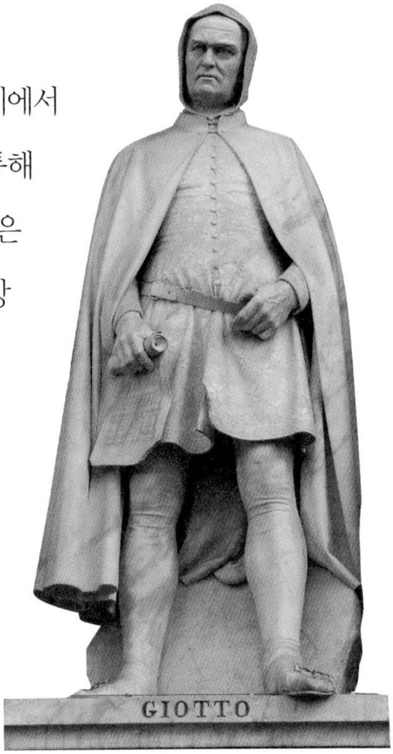

지오토 디 본도네

서 현실 세계 안에서 성경에 나오는 장면이 실제로 연출되고 있다는 느낌이 듭니다. 중세 시대의 평면적인 처리에서 벗어나 인물과 자연을 마치 실재하는 것처럼 묘사함과 동시에 인물의 감정, 정신을 시각화하기 시작한 것입니다. 즉, 납작한 평면의 화면에 공간

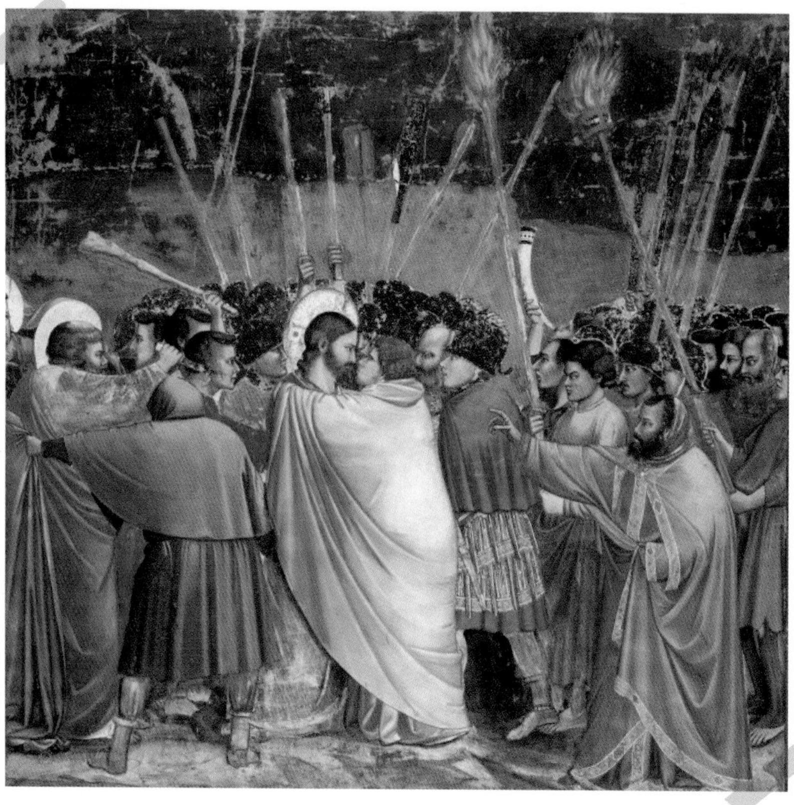

〈유다의 입맞춤〉

지오토가 그린 그림으로, 예수가 붙잡히는 장면을 묘사하고 있습니다. 스크로베니 예배당에 그려진 예수의 생애 연작 중 하나입니다. 〈유다의 입맞춤〉은 지오토가 1305~1306년에 그린 것으로 요한복음 19장의 내용을 바탕으로 한 것입니다.

감이 느껴지게 그린 것이지요. 화가들은 지오토에게 영향을 받아 자연에 대한 깊은 관심과 과학적으로 관찰하려는 탐구 정신을 갖고 그림을 그리기 시작했습니다. 그리고 대상의 솔직한 파악, 그것을 결정하는 공간 구성, 원근법, 해부학 등의 문제가 강조되었습니다. 지오토 이후의 서양 미술은 자연 모방의 길을 적극적으로 추구해 나갑니다.

지오토를 시작으로 새롭게 발생한 사실주의, 자연주의 기조가 인문주의를 수반하면서 미술은 점차 학예의 성격을 띠게 되었습니다. 또한 세속 권력의 중심지인 시청과 신앙의 중심지인 성당이 새롭게 단장하게 되며 미술의 역할이 대단히 중요해졌습니다. 화가들은 중세적인 의미의 '장인'에서 '예술가'로 인정받았습니다. 요컨대 모든 사람들이 감탄하는 멋진 예술 작품을 보여 준다는 것은 결국 시민들의 자존감과 공동체의 존재 의식을 높여 준다는 것을 깨닫게 되었지요.

지오토의 뒤를 이어 르네상스 미술을 태동시키는 데에 결정적 역할을 한 사람은 레오네 바티스타 알베르티(Leone Battista Alberti, 1404~1472)입니다. 그는 건축가 겸 화가이자 이론가였으나, 실제로는 예술의 권위자였습니다. 알베르티는 다재다능한 사람이었습니다. 건축, 회화, 조각, 원근법, 라틴어를 공부했고, 회화와 건축, 조각에 대한 논문을 썼습니다. 그래서 알베르티를 '르네상스의 얼굴'이라고 부르기도 합니다. 원근법을 발명했지만 그에 관한 저서를 남기지 않은 필리포 브루넬레스키를 대신해 알베르티는 원근법 이론을 정립하기도 했습니다. 바로 《회화론》이라는 책이 그것입니다. 이 책을 통해 그는 다음과 같이 말했습니다.

"화가의 일은 선과 색채로 주어진 패널 위나 벽면에 대상의 보이는 면을 그리는 것이다. 그것은 일정한 거리를 두고 일정한 위치에서 보면 부조처럼 튀어나와 마치 물체 그 자체인 것처럼 보이도록 묘사하는 것이다."

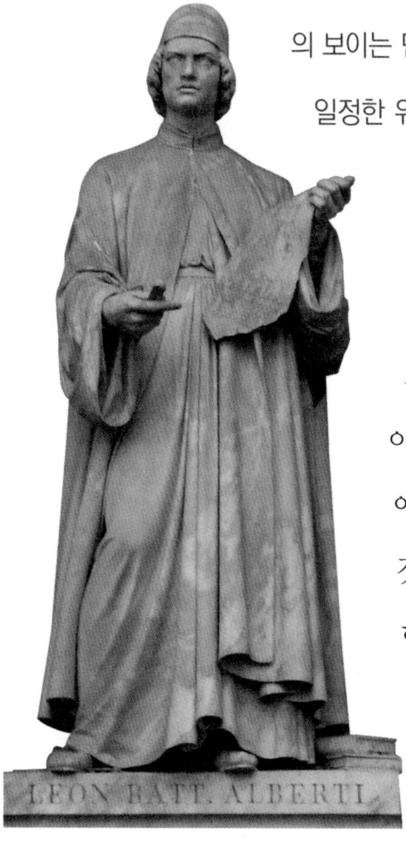

레오네 바티스타 알베르티

이처럼 알베르티는 눈에 보이는 자연의 정확한 모방을 회화 미술의 가장 기본이 되는 일로 보았습니다. 화가는 보는 것에 관한 과학적 인식을 갖추어야 한다는 것입니다. 또한 그림을 정확하게 그리기 위해서는 기하학의 지식을 활용해야 한다고도 했지요. 알베르티는 원근법을 통해 공간과 거리를 평면의 화면에 완벽하게 그려 넣고자 했습니다. 그래야 회화 미술이 눈에 보이는 세계를 정확히 재현할 수 있다고 생각했지요. 자연의 정확한 모방이야말로 화가가 할 첫 번째 일이며 정확한 묘사만큼이나 작품을 아름답게 만드는 일도 중요하다고 보았습니다. 그는 자연에서 최상의 것, 전형적인 것만을 골라내어 자연을 능가하는 예술미를 창출해 내는 일이 예술이며, 이는 신에 버금가는 인간 존재의 한 단면을 보이는 일이라고 주장했습니다.

또한 알베르티는 예술 작품은 사람이 만드는 것이자 사람의 즐거움을 위해서 만드는 것이라고 보았습니다. 이것은 예술이 종교에 따르고 복종해야 한다는 중세 시대의 예술관에서 벗어난 생각이지요. 사람에게 즐거움을 주는 그림, 사람을 위해서 만든 그림은 문학적이고 교훈적이어야 하며 역사적인 기록 등을 내용과 주제로 삼아야 한다는 것이 알베르티의 생각이었습니다. 그리고 이는 르네상스 시대 예술가들의 공통된 믿음이기도 했습니다.

이 믿음은 마사초(Masaccio, 1401~1428)로 이어져 실현됩니다. 그는 중세 교회가 요구했던 종교적인 주제로 인물상을 그리면서도 여기에 인간적인 감정을 풍부하게 반영하고 인간의 몸 자체도 아름답게 묘사했습니다. 중세 때 인간의 몸은 여위고 다소 추하게 그려졌습니다. 죄를 짓고 낙원에서 추방되었다고 생각했기 때문이지요. 그러나 마사초는 있는 그대로의 인간적인 육체를 강조합니다. 또한 인물의 세부 묘사는 물론이고 해부학 연구에 따른 인체 묘사, 원근법에 따른 공간 구성을 추구했습니다. 다시 말해 마사초는 원근법, 해부학적 지식 등을 그림에 본격적으로 동원해 그린 화가입니다.

마사초가 1428년에 피렌체의 산타 마리아 노벨라 성당에 그린 〈성 삼위일체〉는 알베르티의 원근법 이론이 완벽하게 적용된 최초의 그림입니다. 거리가 멀수록 물체가 작아진다는 것은 예로부터 알려진 사실이지만 마사초는 이 사실을 15세기에 르네상스의 문화적 열망에 부합하는 수학과 기하학, 빛 등 과학적인 근거에 맞춘 이론으로 탄생시킵니다.

당시 피렌체는 상업 활동이 활발했기에 교양 있는 피렌체 시민이라면 모두 주판이라는 계산 도구를 사용하도록 교육을 받았습니다. 이러한 수학적 정신을 갖춘 피렌체인들에게 원근법의 발견은 필연적인 것이었습니다. 우리가 살고 있는 3차원의 공간을 평면 위에 회화적으로 제시하기 위한 피렌체인들의 열성적인 탐구가 결국 수학에 근거한 원근법을 창안해 낸 것입니다. 이는 브루넬레스키의 원근법 창안과 알베르티의 이론화 작업, 그리고 마사초의 구체적인 그림 작업이 있던 덕분입니다. 또한 그 배경에 피렌체인 특유의 수학적인 자질이 깔려 있었지요.

한편 피렌체의 산타 마리아 델 카르미네 성당 내 브란카치 가문의 예배당 벽화도 마사초의 대표작입니다. 〈낙원 추방〉 속 아

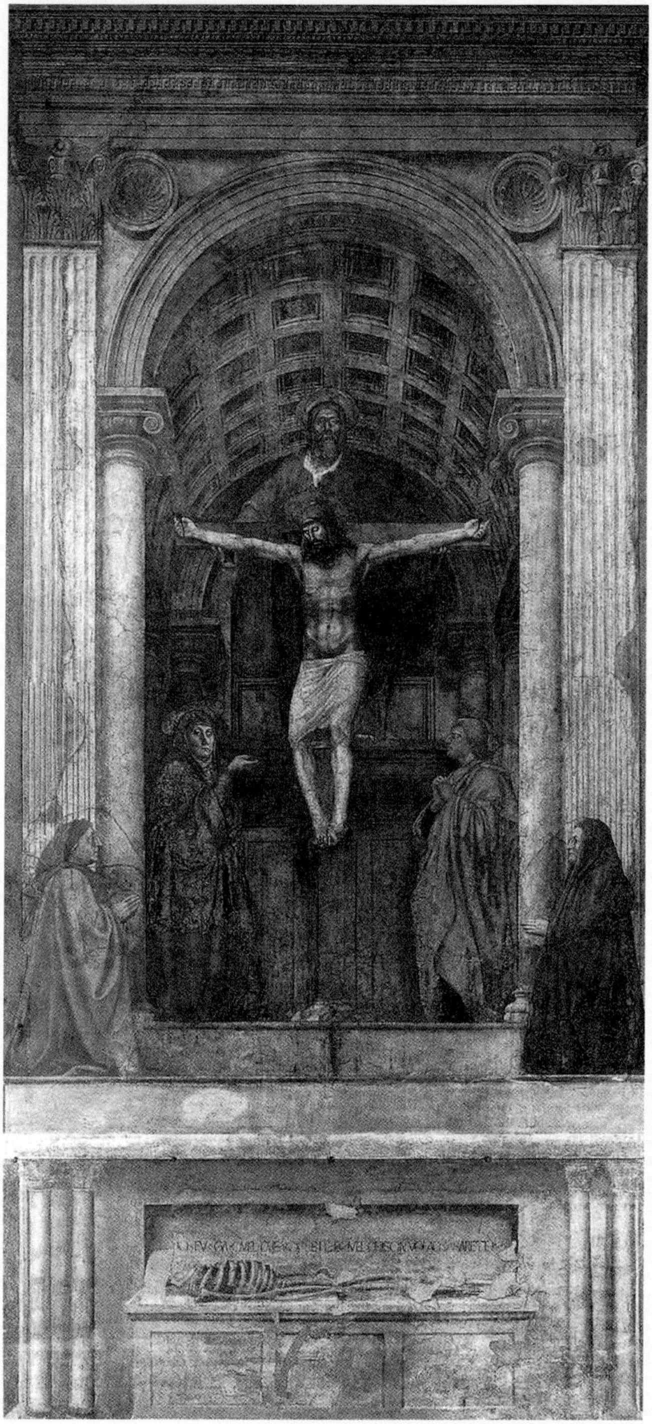

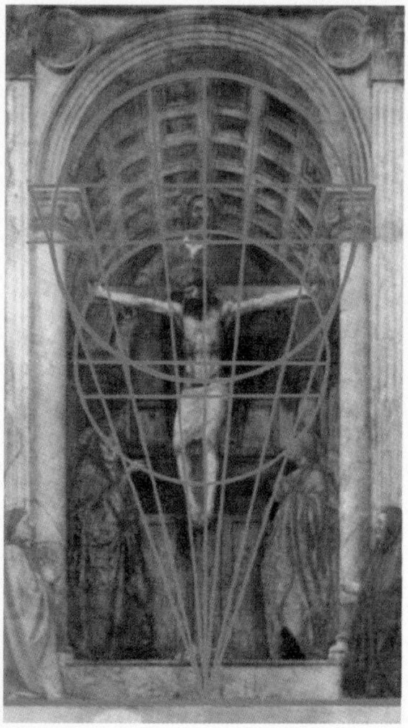

〈성 삼위일체〉

한 점 투시 원근법을 적용하여 십자가 아래쪽에 소실점을 두고 모든 선이 모이도록 한 그림입니다. 터널형 천장을 형성한 사각형 무늬에서 내려오는 모든 선이 소실점으로 모이지요. 직사각형 그림의 아래쪽 단에는 앙상한 미라가 누워 있고, "나도 한때 그대와 같았노라. 그대도 지금의 나와 같아지리라." 라고 쓰여 있습니다. 당시 흑사병이 유럽 전역을 휩쓸던 때의 공포를 보여 주는 그림입니다.

담과 하와가 죄의식, 공포심, 수치심, 비애감에 휩싸여 축 처진 모습으로 낙원의 문을 나서고 있습니다. 마사초는 로렌초 기베르티(Lorenzo Ghiberti, 1378~1455) 밑에서 심부름을 하면서 형상, 빛, 그림자의 효과 및 회화 작품들을 정교하게 표현할 수 있는 여러 비법을 배웠습니다. 그는 이 작품들에서 빛과 그림자를 적절히 사용하여 팔과 다리에 입체감을 주었지요. 이처럼 인물의 자연스러운 자세를 실물 그대로 묘사하고, 옷감의 주름과 머리, 손에 대해 실감 나게 묘사한 이는 마사초가 처음이었습니다. 또한 마사초는 이 그림에서 인간의 본능적인 반응, 심리적인 동작 표현까지 섬세하게 집어넣었습니다. 억울하다는 표정을 지으며 낙원에서 쫓겨나는 하와의 얼굴 표정이 그것을 잘 말해 줍니다. 이와 같은 심리적인 묘사는 미술사에 있어서도 매우 중요한 사건입니다.

지오토가 철학적이고 신화적이며 이상적인 그리스 미술을 인간 중심의 르네상스 미술로 전환시켰다면, 마사초는 성서 위주의 중세 고딕 미술과 도상 중심의 미술에 종지부를 찍고 새로운 표현의 길을 열어 주었습니다. 마사초는 회화의 본질은 생생한 자연을 있는 그대로, 그리고 형태와 색으로 가능한 한 정확하게 재현하는 것뿐이라는 믿음을 갖고 그림을 그린 예술가였습니다. 마사초가 만든 새로운 조형 언어는 이후 피렌체 회화 미술의 출발점이 되었답니다. 이렇게 지오토에 이어 마사초로 기반을 다진 피렌

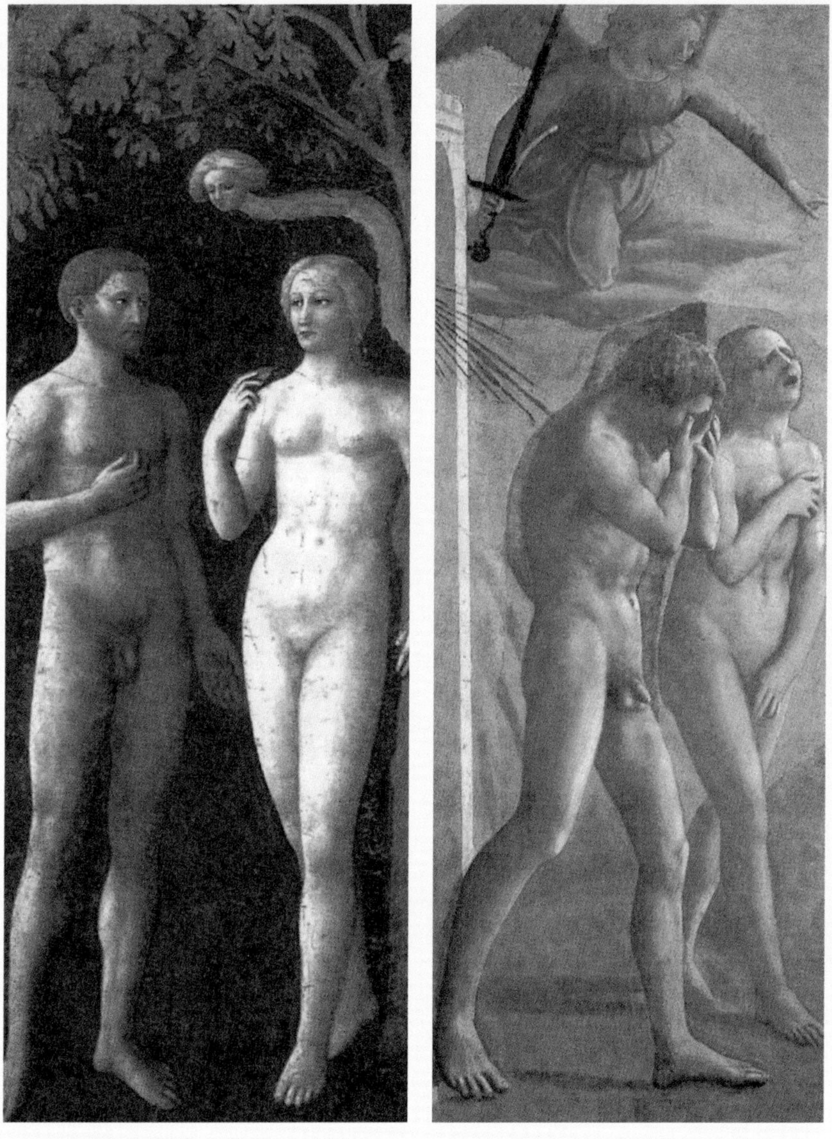

〈낙원 추방〉 일부

마사초는 최초로 자연광으로 아담과 하와의 신체 전면을 비추면서 사실적인 입체감과 함께 인물의 심리와 감정 표현 등을 그려 내고 있습니다.

체의 회화는 이들의 예술적인 기풍을 적극적으로 받아들인 뛰어난 후배들과 그 예술가들을 적극적으로 뒷받침해 준 애호가이며 후원자인 메디치 가문이 있었기에 비약적으로 발전하게 됩니다.

Chapter 3 도판 정보

두초 디 부오닌세냐 〈루첼라이의 성모〉, 1285년경, 피렌체 우피치 미술관

산드로 보티첼리 〈여덟 천사와 함께한 백합의 성모〉, 1498년경, 독일 베를린 국립 미술관

얀 반 에이크 〈아르놀피니의 결혼식〉, 1434년, 영국 내셔널 갤러리

랭부르 형제 〈베리 공작의 매우 호화로운 기도서〉 중 5월, 1412~1416년, 프랑스 콩데 미술관

지오토 디 본도네 〈유다의 입맞춤〉, 1305~1306년, 이탈리아 파도바 스크로베니 예배당

마사초 〈성 삼위일체〉, 1426~1428년, 이탈리아 산타 마리아 노벨라 성당

마사초 〈낙원 추방〉 일부, 1427~1428년, 이탈리아 산타 마리아 델 카르미네 성당

CHAPTER 4

유럽 최고의 상업 도시 피렌체

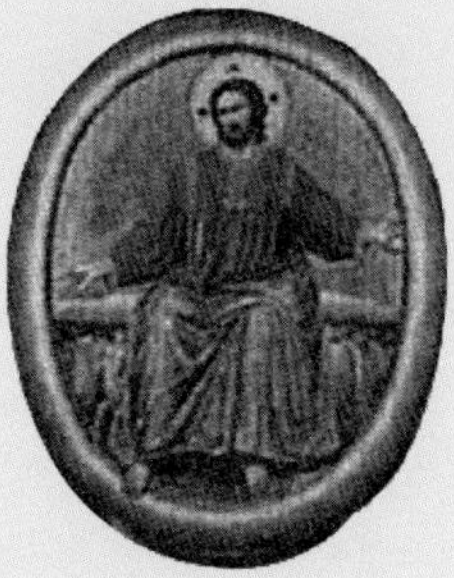

당시 이탈리아의 여러 도시가 거의 무정부 상태인 데에 반해

피렌체는 상당히 안정되고 민주적인 정부를 가진 도시였어요.

그리고 부유한 상인들은 자신들의 이익을 위해 피렌체 정부를

적절하게 통제했습니다.

11세기 후반부터 피렌체에는 토착 귀족이라 불리는 상류층, 일반 시민이라 불리는 중산층, 그리고 수공업자와 소규모 상점 주인, 공장에서 일하는 노동자 들로 구성된 하층민이 서로 뒤섞여 살아가고 있었습니다. 상인이나 은행가로 구성된 신흥 상인 계층은 새로운 법률과 질서를 세우고 토착 귀족을 배제하여 새로운 정부를 세우고자 했지요. 이와 맞물려 피렌체 사회를 오랫동안 지배해 온 토착 귀족들은 1337년부터 1453년까지 영국과 프랑스 사이에서 벌어진 백년 전쟁 때 영국이 패하는 사건을 통해 몰락합니다.

당시 토착 귀족들이 영국 왕 에드워드 3세(Edward Ⅲ, 재위 1327~1377)에게 막대한 자금을 빌려주었는데, 그 이후 영국이 전쟁에서 패하는 바람에 빌려준 돈을 돌려받지 못하게 되었고, 결국 경제적으로 파산하고 말지요. 이 사건으로 토착 귀족들은 200여 년 동안 피렌체 사회에서 누리던 특권을 신흥 상인들에게 넘겨주게 됩니다. 소규모로 무역을 하던 신흥 상인들은 토착 귀족들이 독점해 왔던 영국과의 양모 무역과 금융업(고리대금업)을 이어받아 부를 축적하기 시작했습니다. 그리고 토착 귀족들이 독점적으로 운영해 오던 사업 역시 신흥 상인들이 차지합니다. 신흥 상인들이 피렌체의 새로운 주인이 된 것입니다.

신흥 상인들은 무엇보다도 피렌체라는 신생 도시 국가의 힘을 강화할 필요성을 느꼈습니다. 그래야 외국과 무역도 가능해지고, 유럽 각국에서 지점을 운영 중인 은행을 보호할 수 있었기 때문입니다.

십자군 전쟁 이후 교통과 무역이 원활해지면서 피렌체의 상인들은 영국과 벨기에의 양모를 수입하여 모직 공업을 발전시켰으며, 이들이 생산하는 옷감은 유럽 전역으로 다시 수출되었습니다. 염색 기술이 부족했던 다른 나라들이 피렌체에 원자재를 보내면 그 원자재에 비밀 공정을 거쳐 가공한 뒤 역수출했지요. 그러니 양털 상인들의 길드는 피렌체에서 가장 중요했습니다.

길드의 발전

▶ 상인 길드

상인 길드는 상품의 운반 도중에 난파를 당하거나 도적을 만나 상품을 잃어버렸을 때 이를 지원하였습니다. 또 회원이 사망하면 장례를 치르고 과부와 고아를 부양하였으며 회원 자제들의 교육을 위하여 학교를 경영하기도 하였죠. 그 외에 도시 내의 축제를 관장하고 교회에 대한 지원도 하였습니다.

▶ 수공업자 길드

도제는 어린 나이에 임금은 받지 않고 장인에게 숙식을 제공받고 일정 기간 작업장에서 생산 보조 활동을 하며 기술을 배우는 견습생이었습니다. 도제 기간을 마친 직인은 정식으로 임금을 받고 생산에 종사하는 기술자였습니다. 일정 기간이 지나 길드가 정한 규격에 맞는 작품(마스터 피스)을 길드에 제출하여 심사에 통과하면 직인도 길드의 일원이 되어 작업장을 차릴 수 있었지요.

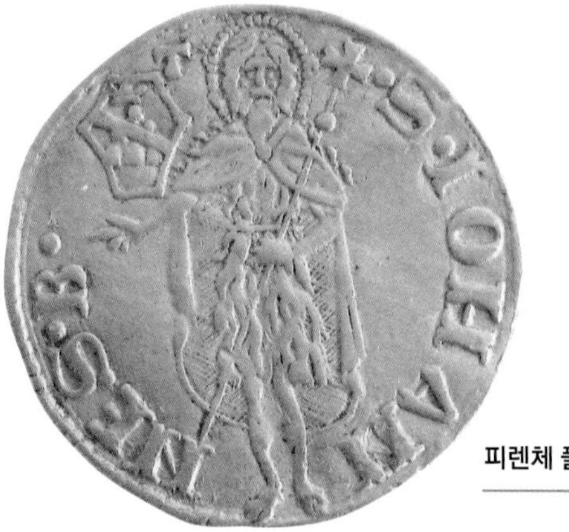

피렌체 플로린 뒷면

또한 피렌체의 은행 지점이 전 유럽에 그물처럼 퍼져 있었기 때문에 이들의 거래가 가능했지요. 당시 무역과 상업에서 피렌체는 유럽에서 가장 융성한 도시 국가였습니다. 피렌체의 통화인 금화 플로린은 유럽 전역에서 통용되는 화폐였으며, 은행 제도가 발달하면서 어음과 송금 등이 매우 자유로웠습니다. 오늘날의 은행 체제 또한 피렌체에서 유래했다고 해요. 여기에는 피렌체의 방대한 무역 규모도 한몫했지요. 모직 공업과 무역업, 그리고 은행업을 하는 피렌체의 가문들은 유럽에서도 손꼽히는 큰 부자가 되었어요. 신흥 상인들은 기존의 교회에서 금지하던 이윤 추구와 이자 소득으로 부를 축적했지요. 그러나 축적한 부로 교황과 황제의 돈줄이 되어 주었기 때문에 결국 그들의 보호를 받았습니다. 이때 토착 귀족들의 자리를 차지한 대표적인 신흥 상인 가문이 메디치 가문이지요.

당시 이탈리아의 여러 도시가 거의 무정부 상태인 데에 반해 피렌체는 상당히 안정되고 민주적인 정부를 가진 도시였어요. 그리고 부유한 상인들은 자신들의 이익을 위해 피렌체 정부를 적절하게 통제했습니다. 정치적으로 안정이 되어야 경제적인 풍요로움을 지속해 나갈 수 있다고 생각했던 겁니다. 당시 피렌체에서는 부유함은 존경을, 가난은 불명예를 뜻했습니다. 대규모 사업을 하는 성공한 상인만이 존경받을 만하다고 여겼지요. "세계를 여행하며 외국을 경험하고 재산을 늘려 피렌체에 돌아온 사람이 아니라면 어떠한 존경도 받을 수 없다."라는 이야기가 돌 정도였다고 합니다.

막대한 부를 축적한 피렌체의 상인들은 현세에서는 더 이상 이룰 것이 없었습니다. 결국 이들의 관심사는 사후 세계로 향하게 되었지요. 그 시대 사람들은 현세에서의 노력에 따라 사후에 안식을 얻을 수도 있고 지옥에 떨어질 수도 있다고 믿었습니다. 그래서 부를 축적한 상인들은 성당 지하에 묻혀 있는 수호성인들의 유골과 가까운 곳에 안장되기를 간절히 원했다고 합니다. 죽어서 그들과 함께 심판을 받으러 가면, 그들이 자신들의 잘못을 변호해 줄 것이라고 생각했기 때문입니다. 이에 따라 성당의 지하 묘지를 요구하는 신도들이 점차 늘어나게 되었습니다. 그러자 교황 인노첸시오 4세(Innocentius Ⅳ, 재임 1243~1254)는 칙령을 내려 신앙이

두터운 평신도들의 시신을 성당 지하에 매장할 수 있도록 허락합니다.

한편 피렌체 상인들의 경제 기반은 상공업과 은행업이었는데, 이를 통한 이윤 추구와 이자 소득은 당시 로마 가톨릭교회에서 파문에 해당하는 죄목이었어요. 또한 로마 가톨릭교회는 오래전부터 고리대금업자를 비난해 왔습니다. 토지를 담보로 고리대금업자에게서 돈을 빌리고 갚지 못한 농민들의 토지는 이후 고리대금업자가 몰수했고, 이는 농민들의 생존 기반을 붕괴시키는 일이었기 때문이지요. 중세 시대에는 사회의 중심이 되는 생산 기반이 농업이었기에 농민들의 붕괴는 곧 로마 가톨릭 공동체의 붕괴를 의미했습니다.

그러나 상업 중심의 르네상스 시대에 대부업을 근절하는 것은 현실적으로 쉽지 않았습니다. 대부업은 일종의 금융업으로 인정받았으며 상업의 근간이 되었기 때문이지요. 상업이 위축되면 도시민들에게 식량과 공산품을 공급하기가 어려워집니다. 수도사들 또한 상인이자 고리대금업자인 신흥 상인들의 돈 없이는 이상적인 크리스트교 국가를 건설하기가 불가능하다고 판단했습니다. 성당의 건립과 장식도 대부분 상인 계급들의 후원으로 이루어졌기 때문입니다.

당시 신흥 상인들은 자신들의 죄를 용서받고자 하였는데 이 문제가 당시 종교계의 가장 큰 쟁점이었답니다. 로마 가톨릭교회는 고리대금업자가 사망하기 전에 고리대금업으로 벌어들인 돈의 일부를 교회에 반환하면 속죄했다고 여겨져 천국에 갈 수 있다고 발표합니다. 기부금을 내거나 성당 장식에 드는 비용을 제공하면 죄를 면해 주는 것입니다. 이렇게 로마 가톨릭교회는 상업과 은행업을 하는 신흥 부자들이 죄의식에서 벗어나는 길을 마련해 주었습니다. 그러자 상인 계급은 가난한 성직자들에게 상당한 금액을 기부하고 낡은 성당을 화려하게 장식하는 데에 아낌없이 돈을 썼습니다. 아울러 그 대가로 죄를 용서받는 것뿐만 아니라 성당 안에 자신들의 무덤과 가족 예배실을 별도로 제공받기도 했습니다. 당대 최고의 화가들을 동원해 가족 예배실 내부를 호화롭게 꾸미는 내부 장식 등이 유행하기 시작한 것입니다.

점차 이탈리아의 여러 도시에서는 부유한 상인 계급들이 자신들의 재산을 성당에 기부하는 것이 일반적인 일이 되었습니다. 보상으로 성당 내부에 예배당이나 가족묘를 확보받은 장소 중 하나가 지오토의 그림으로 유명한 스크로베니 예배당입니다. 1300년대 초반, 피렌체 위쪽에 자리한 파도바라는 지역에 살던 부유한 상인 스크로베니는 자신의 저택 바로 옆에 가문 소유의 예배당을 지었습니다. 그리고 지오토를 불러들여 예배당 내부를 장식하게 했습니다. 지오토는 성모 마리아와 그리스도가 행한 기적 등을

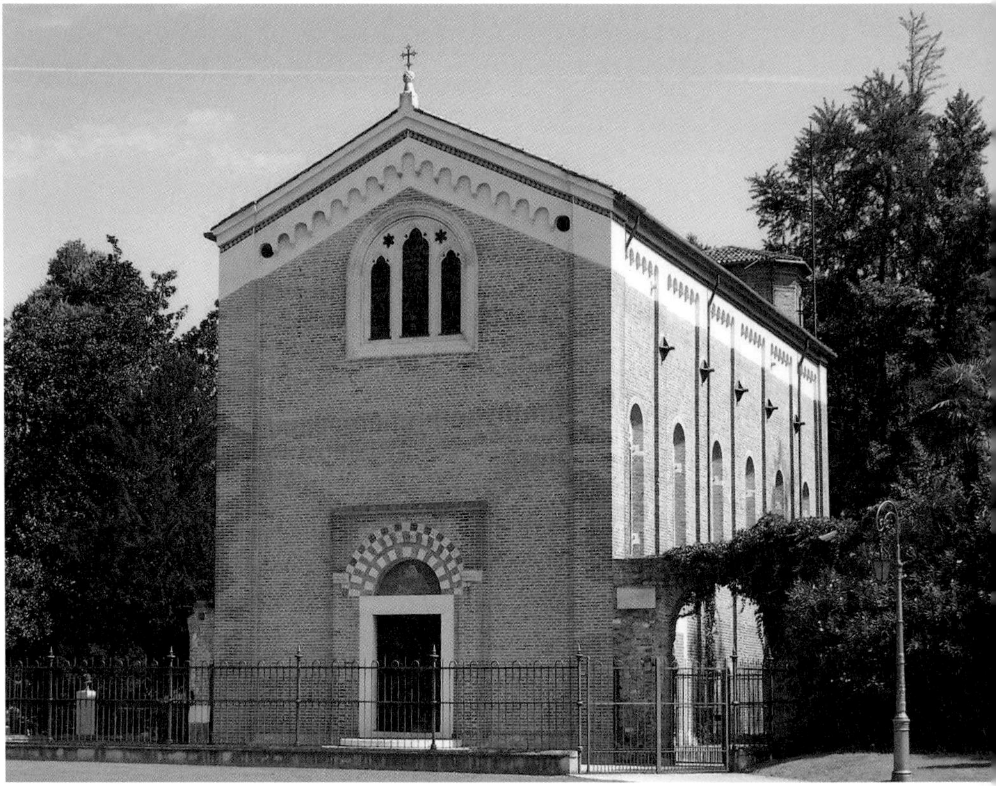

스크로베니 예배당

고리대금업자인 아버지가 구원받기를 바라는 마음에서 아들인 엔리코 스크로베니가 지었습니다.

포함해 무려 53개의 장면을 장식했습니다. 또한 스크로베니는 새로 지은 예배당에 성모 마리아에게 헌정하는 그림을 그려 넣었는데, 이는 고리대금업자로 악명이 높았던 아버지의 영혼을 지옥에서 벗어나게 하려는 의도가 담겨 있다고 볼 수 있지요. 이후 이 예배당은 서양 미술사에서 르네상스 미술, 이른바 사실주의 회화

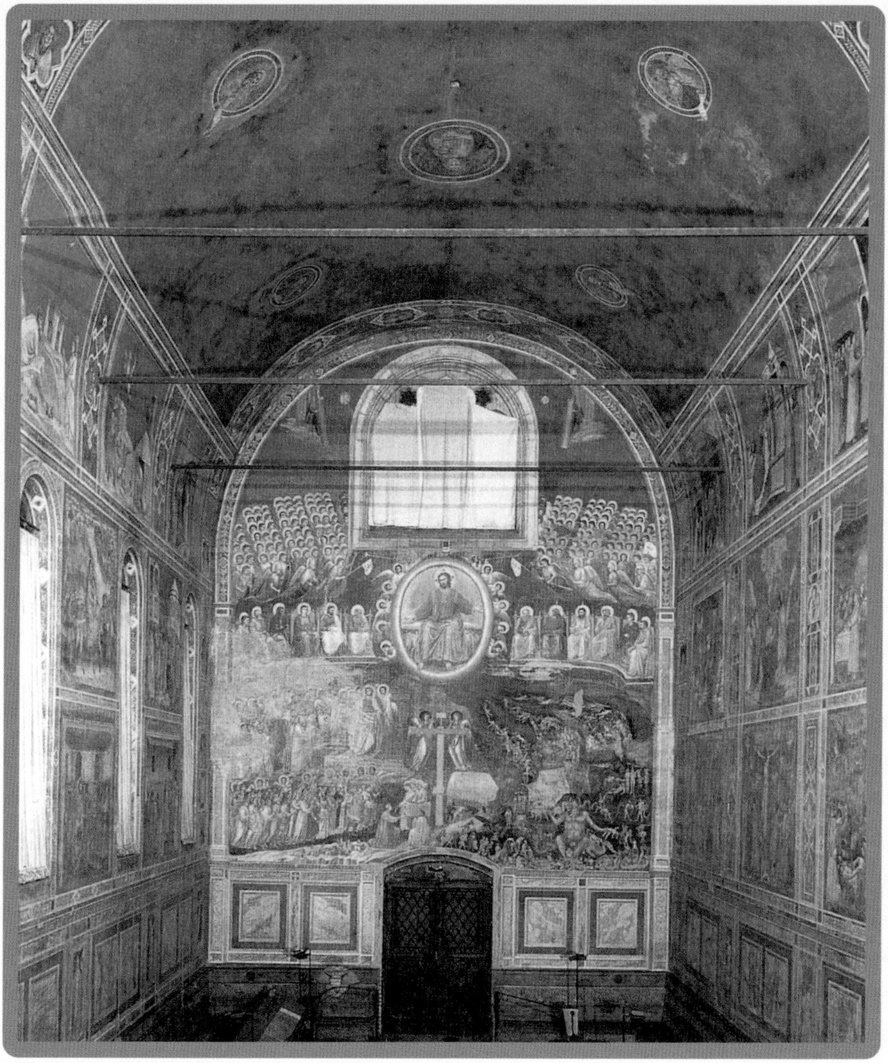

〈최후의 심판〉

스크로베니 예배당에 그려진 그림입니다. 지오토가 1305~1306년까지 예배당 내부의 벽화와 천장화를 프레스코로 그렸습니다.

의 문을 연 최초의 화가 지오토의 매력적인 벽화가 가득 채워져 있다는 사실만으로도 세계적인 명소가 되었습니다.

부유한 상인들의 가족 예배실은 종교적 장소였을뿐만 아니라 자신들의 세속적 욕망을 이미지로 만든 공간인 동시에 후원자와 인문학자, 로마 가톨릭교회와 신학자, 그리고 화가들이 만나 돈을 주고받으며 그들 각자의 현실적인 관심을 펼치고 목적을 성취한 곳이었습니다. 부를 획득한 상인은 그 재산을 사용하는 데에 인색하지 않아야만 했지요. 그들은 훌륭한 궁전과 너른 주거 공간, 쾌적한 시골 별장, 개인 예배실을 소유했습니다. 또 하느님의 영광뿐만 아니라 후손과 피렌체의 명예를 위해 성당이나 수도원 건립에 기부도 해야 했지요. 교회법상 고리대금업자는 부당한 방법으로 취득한 모든 것을 환원해야만 죄를 용서받을 수 있었기 때문에, 은행가들은 참회의 심정으로 유언장에 전 재산을 로마 가톨릭교회에 상환한다고 기재했다고 합니다. 상업이나 고리대금업을 통해 부를 이룬 피렌체의 신흥 상인 부자들이 그들의 부와 명예를 과시할 수 있는 장소로 수도원을 이용하고, 성당을 치장하는 데에 힘을 쏟았던 것이지요. 그에 따라 많은 화가와 조각가들이 동원되어 뛰어난 미술품으로 장식된 공간들이 들어서게 된 것입니다.

르네상스 시대에 들어서면서 땅값이 비싼 도심을 중심으로 신앙 활동이 이루어졌기 때문에 새로운 성당을 짓는 일은 쉽지 않았습니다. 그 대신 상인들은 금고에 넣어 두었던 황금을 수도원에 아낌없이 기부하기 시작했습니다. 수도원이 죽음을 두려워하는 상인들의 영혼을 기꺼이 구원하고자 한 것에 대한 보상으로 말이지요.

수도원은 상인들의 무덤과 기도실을 허용하는 조건으로 낡은 수도원 벽면들을 성스럽게 장식할 수 있었고 아울러 수도사들도 평생 동안 일정한 수입을 보장받을 수 있었습니다. 부유한 상인들이 지하에 안장된 자기 선조들을 위해 기도를 드리는 사제에게 평생 동안 급여를 지불해 주었기 때문입니다. 더구나 부유한 상인들은 경쟁적으로 기도실을 더 아름답고 화려하게 장식하려 들었습니다. 이러한 경쟁 속에서 상인들은 자연스럽게 재능 있는 예술가를 적극적으로 찾아 나섰습니다.

상인들은 자신들의 부와 권세를 창조적으로 표현해 줄 수 있는 천재적인 예술가들에게 열광했습니다. 수도원 역시 자신들이 속한 수도회를 피렌체 시민들에게 널리 알려 줄 재능 있는 화가를 필요로 했습니다. 이렇게 해서 상인들과 교회의 이해관계가 맞아떨어지자 재능 있는 화가들에게 주문이 몰리기 시작했고, 유명 화가들은 저마다의 공방을 운영하기 시작했습니다.

르네상스 미술이 가능하게 된 결정적인 계기 중 하나는 바로 이 부유한 상인 계급의 후원, 그리고 그들의 세속적 욕망이었습니다. 이것이 바로 르네상스 미술의 걸작들이 탄생하는 밑거름이 되었습니다.

Chapter 4 도판 정보

지오토 디 본도네 〈최후의 심판〉, 1305~1306년경, 프레스코, 이탈리아 스크로베니 예배당

CHAPTER 5

피렌체의 메디치 가문

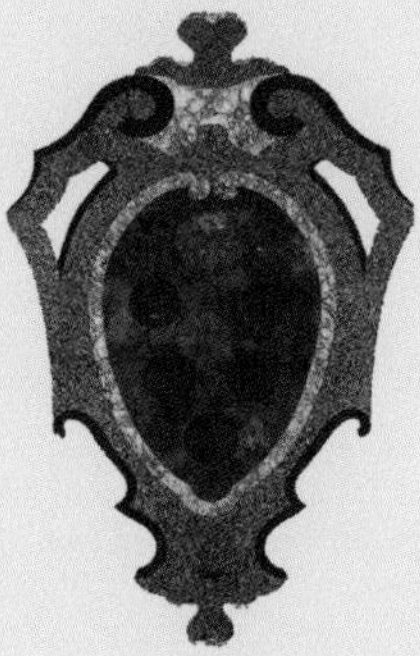

"피렌체의 선하고 훌륭한 시민들을 존경하는 일에서 즐거움을 찾으면, 시민들은 우리 가문을 그들의 안내자로서 빛날 수 있도록 해 줄 것이다."라는 조반니 디 비치 데 메디치의 유언은 이후 메디치 가문의 중요한 원칙이 됩니다.

메디치 가문이 두드러지게 활동했던 15, 16세기는 역사와 예술 두 분야에서 가장 중요하고 흥미로운 시기입니다. 15, 16세기는 중세에서 근대로 이행하는 시기로, 봉건제를 따르는 작고 고립된 도시 국가들에서 정규군과 조세를 요구하는 강력한 국가들로 점차 바뀌어 갈 때였어요. 또한 유럽의 정치권력이 이탈리아의 큰 독립 국가들, 즉 도시 국가에서 프랑스, 영국, 독일 같은 북부 국가들로 옮겨 간 시기였어요. 종교 개혁의 불씨가 된 원인들과 종교 개혁으로 비롯된 결과들이 나타나는 시기였고, 동방 제국이 몰락하고 그곳에 이슬람교 국가인 오스만 튀르크 제국이 들어섰으며, 아메리카 대륙이라는 신세계가 발견되었던 시기이기도 하지요. 마지막으로 에스파냐에서는 이슬람교도인 무어인이 쫓겨나는 등 유럽의 여러 나라가 각자 새로 차지한 지역에 본격적으로 정착하는 시기였습니다.

본래 메디치 가문은 농촌에서 피렌체로 이주해 온 평범한 이민자였습니다. 피렌체 토박이가 아닌 다른 지역 출신이었지요. 피렌체로 건너온 메디치 가문의 선조들은 1200년대 중반부터 고리대금업으로 많은 부를 축적했습니다. 고리대금업과 부동산 투자로 커다란 부를 이룬, 메디치 가문의 시조인 조반니 디 비치 데 메디치(Giovanni di Bicci de' Medici, 1360~1429)가 농촌에서 피렌체로 이주해 왔을 당시에는 토착민이 아니라는 이유로 피렌체 출신의 부유한 상인들에게 무시를 당하거나 불이익을 받았습니다. 그래서 조반니는 자신을 배척하고 멸시하는 기존의 피렌체 상인들과의 친목이나 연대는 뒤로했습니다. 반면 그는 시민들의 지지를 바탕으로 하며 이들과의 연대가 자신의 사업이나 피렌체의 장래에 있어서 매우 중요하다고 생각했습니다. 조반니는 또한 그것이 메디치 가문의 부와 명예를 오랫동안 지속시켜 주리라고 믿었습니다. 여기서 시민 공동체를 중시하는 메디치 가문 특유의 가치관이 등장한 것이지요.

조반니는 1397년에 다른 두 명의 투자자와 함께 공동으로 피렌체에 은행을 설립했습니다. 이 은행이 바로 메디치 가문의 부를 축적하는 데에 가장 큰 역할을 했던 피렌체 은행입니다. 피렌체 은행은 이후에 교황의 자금을 관리하는

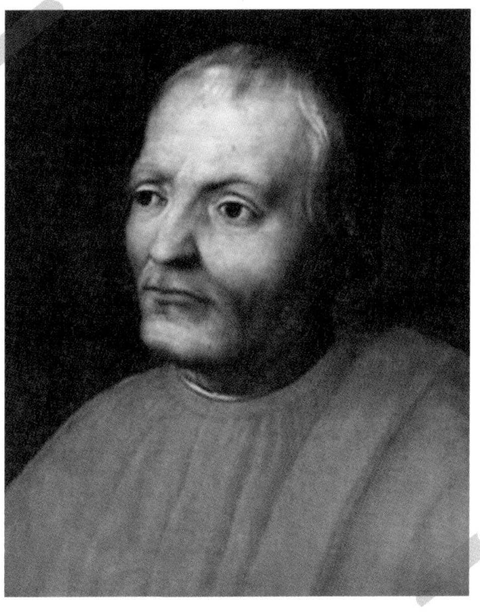

조반니 디 비치 데 메디치

메디치 은행의 창업자인 은행가입니다.

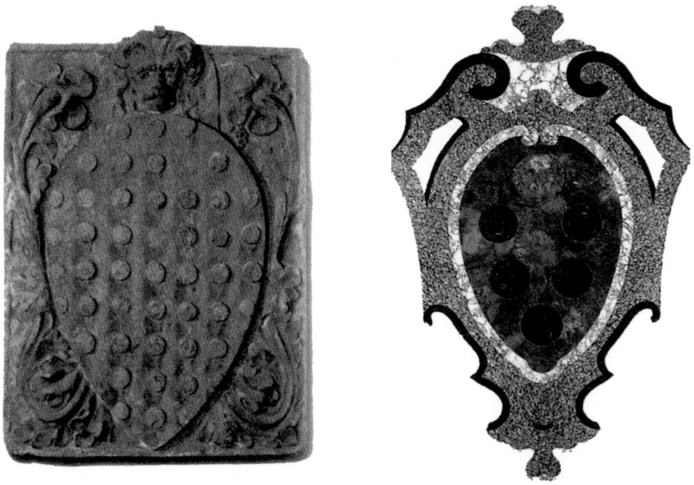

피렌체 은행 길드 문장

메디치 가문이 자신들의 문장으로 사용했던 피렌체 은행 길드의 문장입니다.

은행이 되었습니다. 이 은행이 발달하고 번창하면서 메디치 가문은 바야흐로 유럽 최대의 부자가 되었습니다.

1462년에 이르자 메디치 가문은 피렌체의 주요 산업인 직물 생산에 꼭 필요한 백반 광산 독점권을 얻어 내어 더욱 거대한 부를 쌓게 됩니다. 더 나아가 유럽의 16개 도시에 설립한 은행을 통해 막대한 부를 지니게 되어 그야말로 당대의 가장 큰 부자가 되었습니다. 특히나 메디치 가문은 교황 전담 은행가로서의 위치를 확고하게 지켜 내고 있었습니다. 당시 교황은 이탈리아 정책의 중재자인 메디치 가문에게 적극적으로 의존했다고 합니다. 이 덕분에 메디치 가문의 사람들은 교황청의 업무를 전적으로 맡아 보았고 교황청의 예산을 집행하면서 교황과 매우 유리한 관계를 맺고 있었지요. 이는 메디치 가문이 그만큼 유럽에서 차지하는 위치가 대단히 중요했음을 알려 줍니다.

한편 조반니는 세상을 떠나기 직전에 두 아들 코시모와 로렌초를 불러 놓고 "피렌체의 선하고 훌륭한 시민들을 존경하는 일에서 즐거움을 찾으면, 시민들은 우리 가문을 그들의 안내자로서 빛날 수 있도록 해 줄 것이다."라는 유언을 남긴 채 눈을 감았다고 합니다. 이 유언은 이후 메디치 가문의 중요한 원칙이 됩니다.

메디치 가문의 엄청난 부와 문화 지원 활동으로 피렌체가 한창 돋보이던 1400년대 중반, 세상은 어수선하고 불안한 양상을 띠고 있었습니다. 흑사병으로 많은 사람들이 죽어 갔으며, 1453년에는 한 달 동안 지진이 발생해서 많은 사람이 공포에 떨었습니다.

흑사병은 이미 1300년대 중반부터 창궐하였기 때문에 성직자들은 두려움에 휩싸여 있던 신도들에게 위안을 주어야만 했지요. 따라서 무서운 흑사병의 공포 속에서 교리와 받드는 수호성인도 변화되었습니다. 천상에 계신 하느님의 아들인 예수의 신성보다 인성이 더 중요시되기 시작한 것입니다. 로마 가톨릭교회는 평신도들에게 하느님의 아들이 인간과 가까이 있다는 것을 알려 주려고 했고, 그에 따라 성당이나 수도원 내부를 장식하는 예술 작품들은 주로 예수의 인간적인 모습을 강조해서 묘사하게 됩니다.

예를 든다면 예수를 잉태한 사실을 성모 마리아에게 알리는

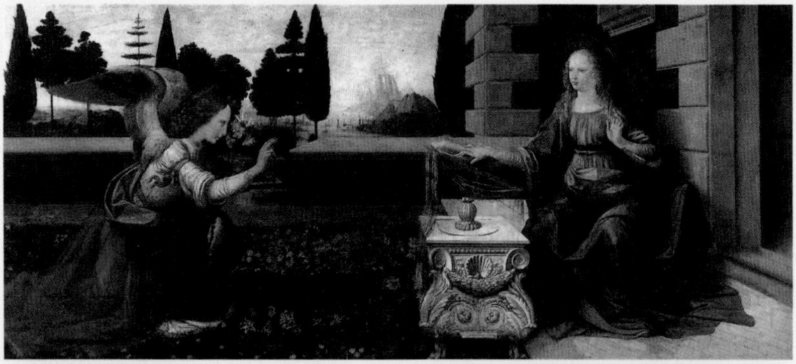

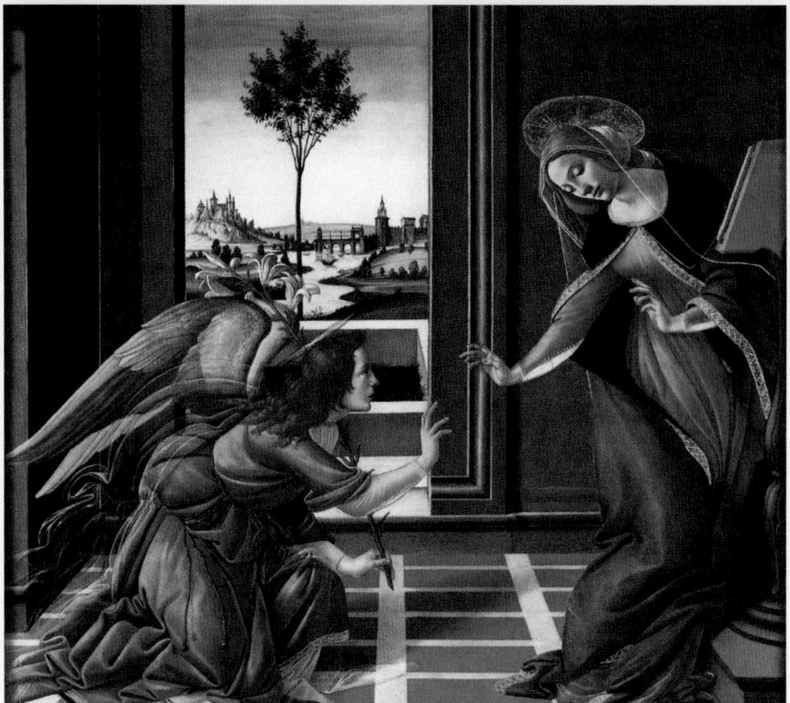

〈수태 고지〉

천사 가브리엘이 성모 마리아에게 그리스도의 수태(임신)를 알리는 장면을 그린 그림입니다. 위의 그림이 레오나르도의 작품이고, 아래가 보티첼리의 작품이지요.

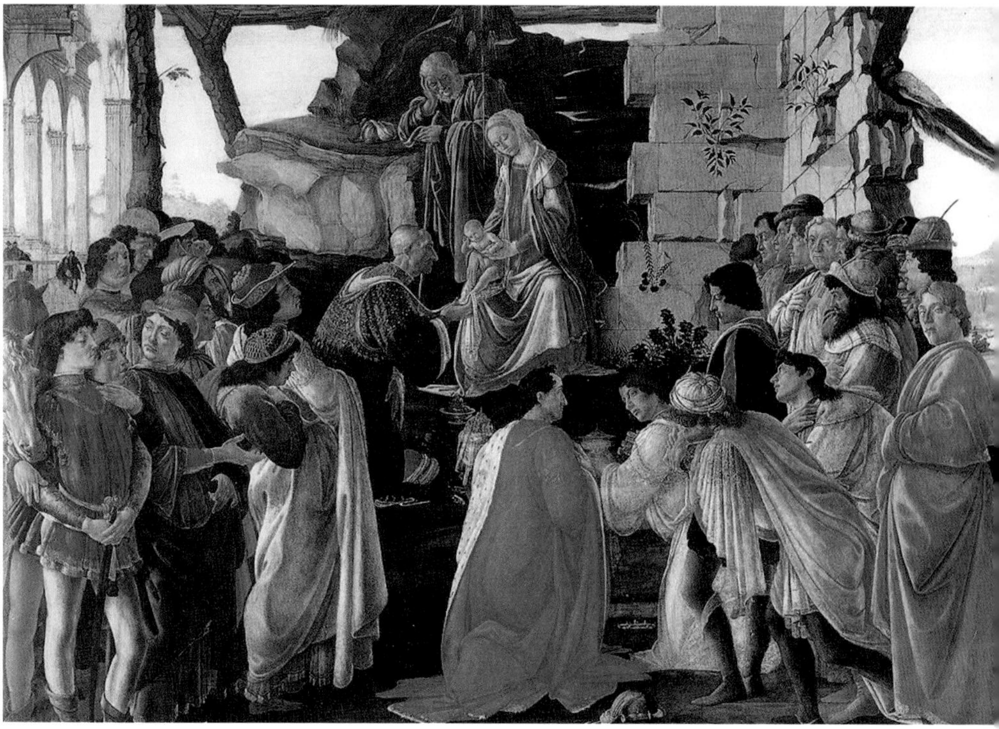

〈동방 박사의 경배〉

동방 박사들이 성모자를 찾아와 경배를 드리는 모습입니다. 무릎을 꿇고 아기 예수의 발을 만지고 있는 이가 코시모 데 메디치며 그림 중앙에 붉은 옷을 입은 이는 그의 아들 피에로 메디치입니다. 그 옆은 피에로의 동생 조반니입니다.

〈수태 고지〉나 아기 예수의 탄생을 축하하는 〈동방 박사의 경배〉와 같은 작품들이 자주 등장하게 된 것입니다. 아울러 이전의 종교 중심에서 벗어난 또 다른 사상들이 요구되었습니다. 메디치 가문 역시 새로운 사상을 원했습니다. 이러한 배경 위에서 '플라톤 아카데미'라는 인문학 연구 기관이 탄생합니다.

이렇게 혼란스러운 시기에 아버지 조반니의 뒤를 이어 막대한 부와 권력을 계승해서 피렌체를 실질적으로 지배하게 된 이는 바로 코시모 디 조반니 데 메디치(Cosimo di Giovanni de' Medici, 1389~1464)였습니다. 그는 산타 마리아 델리 안젤리 성당의 부속 학교에서 공부했으며 그리스어, 라틴어, 히브리어, 아랍어를 비롯하여 여러 언어를 익힐 만큼 학문과 예술에 남다른 열정이 있었다고 합니다. 코시모는 어려서부터 수집해 온 고전에 대한 폭넓은 지식을 바탕으로 고전 학문과 고전적 이상을 존중하는 한편, 인간의 삶에 깊은 관심을 갖게 되면서 이른바 인문주의자가 되었습니다. 당시 피렌체에서 그만큼 고전에 관한 깊은 지식을 가진 사람은 없었다고 합니다.

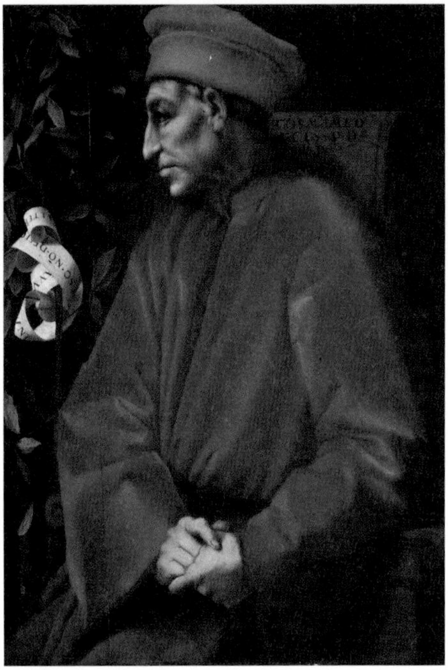

코시모 디 조반니 데 메디치

지혜롭고 온화한 눈빛에 뜨거운 열정을 감추고 있으며 동시에 차가운 현명함을 지닌 얼굴이었다고 합니다.

1434년 피렌체 의회는 메디치 가문이 실질적으로 피렌체를 통치할 자격이 있다는 것을 공인합니다. 그리고 이때부터 메디치 가문은 피렌체의 '제1시민'이 됩니다. 코시모는 귀족 세력의

음모로 피렌체에서 추방되기도 했지만 메디치 가문에 가해졌던 추방령은 이내 취소되었고, 그는 유배지에서 얼마 안 있다 피렌체로 돌아왔습니다. 그리고 그때부터 코시모는 피렌체 공화국에서 공인한 시민 지도자가 되었습니다.

1439년에 코시모는 자비를 들여 기독교 역사의 전환점이 될 수 있는 피렌체 공의회를 개최합니다. 이 공의회는 동방 교회(그리스 정교회)와 서방 교회(로마 가톨릭교회)로 분열되어 있던 11세기의 종교적 단절을 극복하려는 데에 목적이 있었습니다. 그러나 이면에는 피렌체의 실질적 영주가 누구인지를 전 유럽에 알리고자 하는 정치적 의도가 다분히 깔려 있었습니다. 다시 말해 피렌체를 실질적으로 지배하는 메디치 가문의 경제력과 권력을 보여 주는 동시에, 자신들이 추구하는 새로운 사상을 펼쳐 보이고자 했던 것입니다. 공의회를 통해 유럽 전역에는 메디치 가문의 위상과 힘이 과시되었고, 이를 계기로 인문주의 사상과 예술에 대한 믿음이 새롭게 인식되고 퍼져 나가게 되었습니다. 메디치 가문의 이러한 영향은 이후 이탈리아 전역과 유럽 전체로 전파되고 적극 유입되면서 르네상스의 사상적 기초가 되었습니다.

피렌체 공의회는 결과적으로 동서 문화가 피렌체를 중심으로 교류할 수 있는 계기를 마련해 주었습니다. 당시 유럽의 크리스트교는 동방 교회와 서방 교회로 분열되어 있었습니다. 동방이란 유럽 동부와 남동부, 서아시아 일부 지역을 말합니다. 반면 서방은 서유럽 전역을 지칭합니다. 이는 광대한 로마 제국이 동서로 나누어진 데에서 비롯된 것입니다. 아울러 두 교파는 교리를 해석하는 입장의 차이도 있습니다. 동방 교회가 영적 측면에 치중했다면 서방 교회는 조직 면에서 발전을 이룩해 왔습니다. 총대주교를 수장으로 하는 콘스탄티노폴리스의 그리스 정교회는 비잔틴 의례를 따르고, 교황을 수장으로 하는 로마 가톨릭교회는 라틴 의례를 따릅니다. 그리고 그리스 정교회의 신학이 그리스 철학에 뿌리를 두고 있다면, 로마 가톨릭교회의 신학은 로마법에 근거하고 있습니다. 여러 가지 면에서 동방 교회와 서방 교회는 오랜 세월 동안 분열되어 왔습니다. 코시모는 1439년 피렌체 공의회를 주도함으로써 그 분열을 통합하고자 시도했지만 결국 실패합니다.

그러나 코시모는 서유럽의 르네상스 정신이 동방 교회 신학의 뿌리인 그리스 철학을 수용하도록 했고, 이를 결합해서 새로운 사상적 대안을 제시하는 커다란 공헌을 남깁니다. 또한 코시모는 동방 교회의 신플라톤주의자들에게 문호를 개방하고 이들의 사상을 적극 수용하며 학문적 업적을 받아들이는 데에도 힘을 아끼지 않았습니다.

그러던 중 1453년, 동방 교회의 중심지인 콘스탄티노폴리스가 오스만 튀르크의 공격으로 함락되었습니다. 콘스탄티노폴리스의 그리스 정교회를 탈출한 수많은 철학자와 신학자 들은 대거 피렌체로 이주하였습니다. 유럽에서 사상적 자유가 가장 많이 허용되는 곳이자 경제적 후원을 아끼지 않는 메디치 가문이 있는 피렌체라는 도시를 선택했던 것이지요. 동방의 비잔틴 제국 학자들이 소장하던 수많은 고대 그리스 문서나 옛 문헌 역시 이들과 함께 들어왔고, 이는 메디치 가문의 노력으로 필사되어 전 유럽에 퍼지게 됩니다. 당시에는 인쇄 기술이 없어서 모든 책을 일일이 손으로 베껴 써야 했지요. 따라서 여기에는 막대한 비용이 필요했습니다. 만약 메디치 가문의 재정적 후원이 없었다면 이는 결코 가능하지 않은 일이었습니다.

자연스레 피렌체는 신플라톤 철학의 중심지가 되었습니다. 플라톤에 따르면 인간의 육체는 감각 세계의 다른 만물이 모두 그렇듯이 흙과 먼지로 이루어져 있습니다. 그러나 동시에 불멸의 영혼을 가지고 있다는 점이 특이합니다. 정리하여 말한다면 인간은 자신의 지적 능력을 통해 영혼의 단계를 상승할 수 있고 그렇게 되면 인간은 신과 합일하는 지경에 다다를 수 있다는 것입니다. 여기서 철학은 인간이 선한 길로 갈 수 있도록 돕는 역할인 것이고, 따라서 종교가 곧 철학인 것이지요. 이러한 생각은 기독교 학문에 큰 영향을 미쳤습니다. 이것은 유럽 지성사에 혁명적인 사건이었습니다.

한편 당시 메디치 가문이 운영하는 은행은 이탈리아에서 성공을 거뒀고 유럽 전역에서 수입이 가장 많은 가족 사업체로 발전하였습니다. 메디치 가문은 일상적인 은행 업무 외에도 고객을 위해 태피스트리를 공급하고 유물과 말, 노예, 심지어는 기린까지도 매매했다고 합니다. 태피스트리는 당시 귀족들의 후원 아래 최고 수준으로 발전했는데, 이 기술이 유럽 전역으로 퍼져 나갔습니다. 당시 피렌체에서 태피스트리 제조업은 다양한 디자인과 색깔이 조화를 이루어 높은 평가를 받았다고 합니다. 비단과 모직을 엮은 금과 은실로 짠 피렌체산 융단은 대단히 풍성한 데다 디자인의 예술적 수준이 매우 높았습니다. 그러나 메디치 가문의 마지막 후손 안나 마리아가 죽으면서 공장도 문을 닫게 되지요. 그래서 "태피스트리는 메디치 가문과 함께 번성하고 메디치 가문과 함께 몰락했다."라고 합니다.

또한 메디치 가문은 향신료, 실크, 모직 등과 후추와 설탕, 올리브기름, 감귤류의 열매, 아몬드, 모피, 비단, 염료, 보석 등을 취급했지요. 특히 투명한 광물성 소금인 백반은 염료를 생산할 때 선명한 색을 내는 데에 사용되었기에 유리 제작이나 제혁*에도 필수적이었어요. 그러다 보니 메디치 가문의 우선적인 경제 기반은 모직과 피륙 교역이었습니다.

* **제혁:** 짐승의 생가죽을 다루어 제품을 만드는 것을 말합니다.

메디치 가문을 최전성기로 이끌었던 코시모는 조직가로서 명민하고, 놀라울 정도로 기억력이 좋았으며, 가끔씩 밤을 새우고 일할 정도로 근면하기로 유명했어요. 메디치 가문은 전적으로 시민들에게 속했고, 귀족들에 맞서 시민들을 보호하였습니다. 그리고 그들이 시행한 통치는 출생 신분이 아니라 재능과 문화를 가장 중심에 두었다고 해요. 코시모는 많은 재산, 정중한 처신, 능력, 기지에다 관대한 성향까지 겸비하여서 아버지인 조반니 못지않게 큰 인기를 얻게 되었습니다. 그래서 피렌체 공화국은 그가 죽은 뒤 '국부'라는 명예로운 칭호를 부여했습니다. 덕분에 코시모는 피렌체 사람들에게 영원한 '나라의 아버지'로 기억될 수 있었던 것이지요.

메디치 가문의 주요 인물

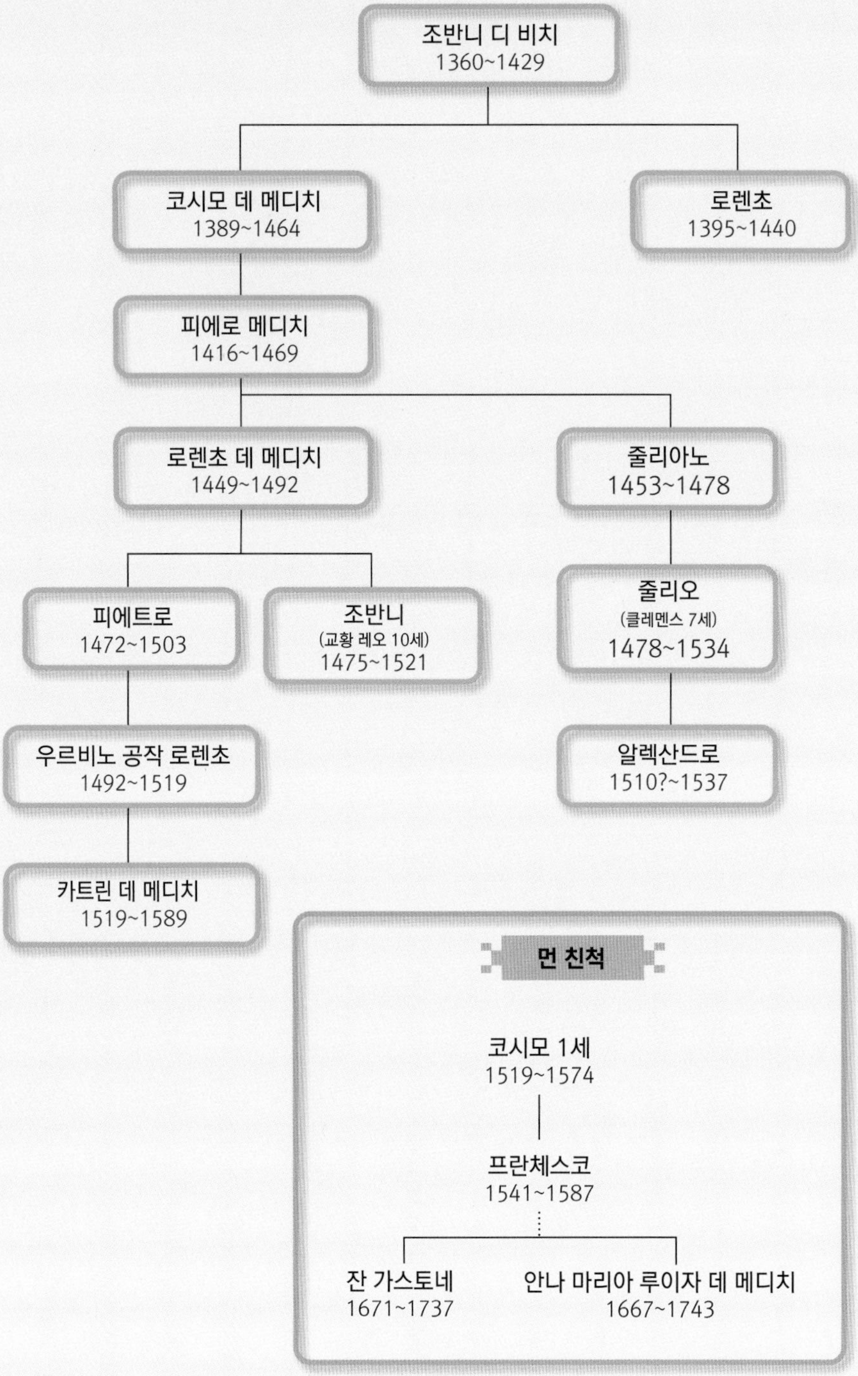
조반니 디 비치
1360~1429
코시모 데 메디치
1389~1464
로렌초
1395~1440
피에로 메디치
1416~1469
로렌초 데 메디치
1449~1492
줄리아노
1453~1478
피에트로
1472~1503
조반니
(교황 레오 10세)
1475~1521
줄리오
(클레멘스 7세)
1478~1534
우르비노 공작 로렌초
1492~1519
알렉산드로
1510?~1537
카트린 데 메디치
1519~1589
먼 친척
코시모 1세
1519~1574
프란체스코
1541~1587
잔 가스토네
1671~1737
안나 마리아 루이자 데 메디치
1667~1743

Chapter 5 도판 정보

레오나르도 다빈치 〈수태 고지〉, 1475~1480년경, 이탈리아 우피치 미술관
산드로 보티첼리 〈수태 고지〉, 1489~1490년경, 이탈리아 우피치 미술관
산드로 보티첼리 〈동방 박사의 경배〉, 1475년경, 이탈리아 우피치 미술관

CHAPTER 6

메디치 가문의 학문과 예술 장려

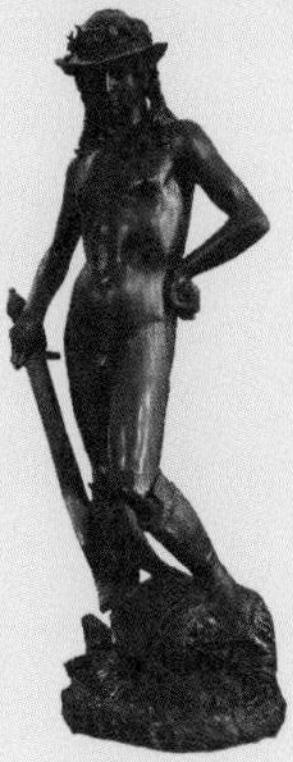

메디치 가문은 피렌체를 치장하고 학문을 발전시키는 데에는 결코 돈을 아끼지 않았습니다. 유럽 최고의 부자였던 그들은 인류의 다른 어떤 군주들도 필적하지 못할 정도로 학문 부흥과 예술 장려에 막대한 자금을 쏟아부으면서 눈부신 기여를 하였습니다.

코시모의 적극적인 후원에 따라 수많은 학자들은 피렌체로 모여들게 되었고 이와 함께 고전 문서와 역사, 미술과 철학에 대한 흥미도 자연스레 일어났습니다. 코시모는 철학 중에서도 플라톤이 연구한 철학에 관심이 컸습니다. 그래서 그는 유럽과 서아시아 지역을 헤매면서 희귀한 원고와 귀중본들을 기회가 닿을 때마다 모았습니다. 그리고 사람들에게 자신의 도서관을 공개했지요. 라틴과 그리스 지역의 만 권이 넘는 서책, 단테와 페트라르크 시대부터 피렌체의 먼 과거까지를 망라하는 엄청난 양의 책, 값을 따질 수 없는 귀한 원고들이 코시모의 도서관에 소장되어 있었다고 합니다.

코시모가 1444년에 건립한 메디치 도서관은 유럽 최초의 공립 도서관입니다. 처음에 메디치 궁전에 자리 잡았던 이 도서관은 여러 세대를 거치다가 메디치 가문의 주문으로 1524년 산 로렌초 성당 안에 미켈란젤로 부오나로티가 설계자로 임명되었습니다. 이 도서관에는 그리스와 라틴 지역의 고대 저자들이 남긴 수만 권의 사본들이 소장되었는데 대부분이 희귀본들이었습니다. 이는 메디치 가문이 수집했기에 가능한 일이었습니다. 메디치 가문은 막

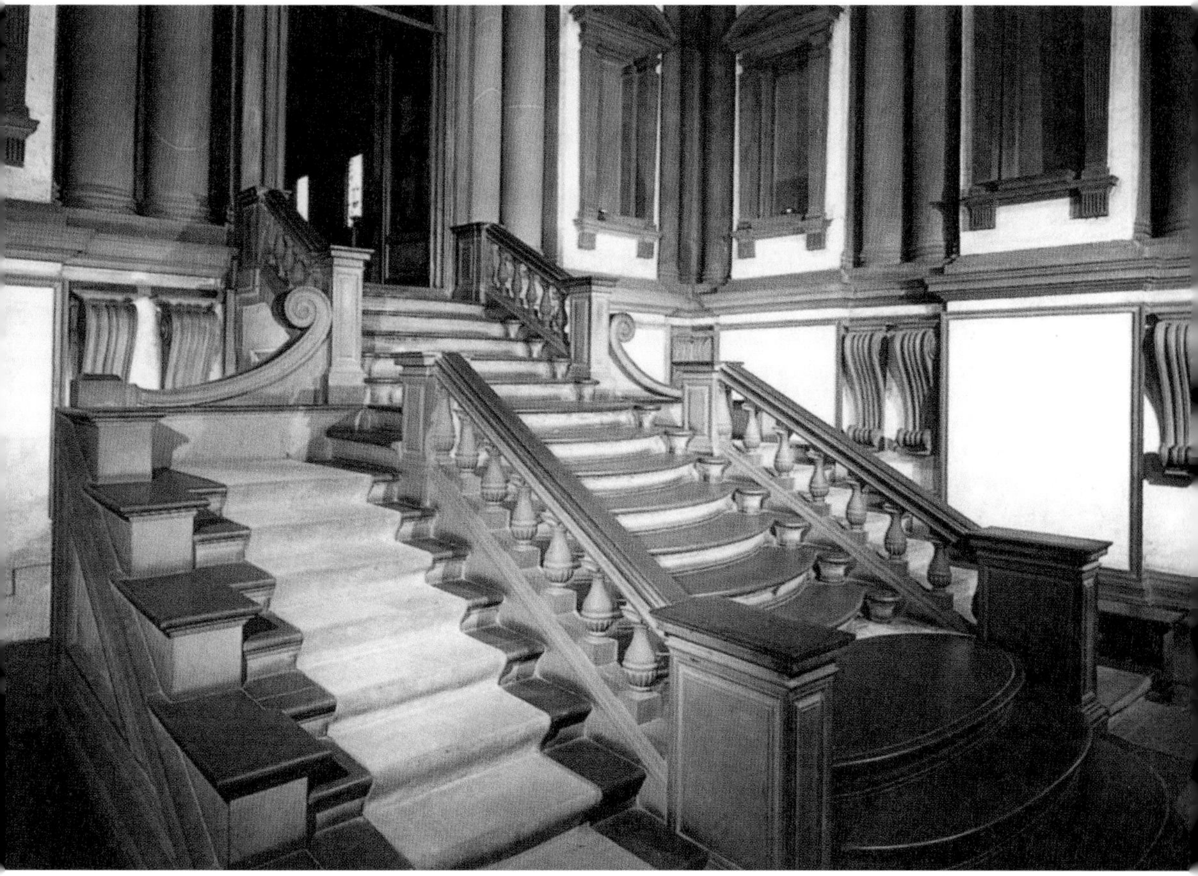

라우렌치아나 도서관

어둠에서 빛의 세계로 올라가는 조형적 상징으로 제작된 라우렌치아나 도서관은 교황 클레멘스 7세의 의뢰로 미켈란젤로가 디자인했습니다. 일명 로렌티안 도서관이라고도 합니다.

대한 자금을 쏟아부으면서 학문이 발전하는 데에 눈부신 기여를 하였습니다.

르네상스 시대 유럽 최고의 부자였던 코시모는 예술에 대한 애정이 각별하여 많은 예술가들을 후원했습니다. 인류의 다른 어떤 군주들도 메디치 가문에 필적하지 못할 정도로, 학문 부흥과 예술 장려에 전 재산을 쏟아부었죠. 무엇보다도 코시모는 피렌체 시민들의 지지를 얻으려는 목적 중 하나로 예술을 적극적으로 후원하였습니다. 그런데 이 후원은 당시 토착 귀족이나 부유한 신흥 상인의 주문으로 탄생한 예술과는 매우 다른 차원의 것이었습니다.

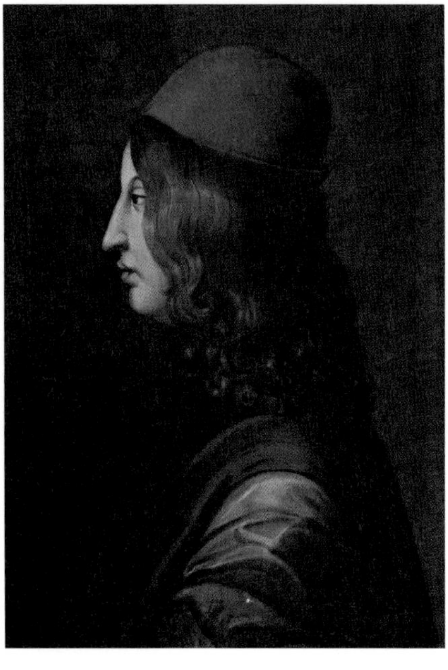

피코 델라 미란돌라

이탈리아의 인문학자이자 신플라톤주의 철학자인 미란돌라는 로렌초 데 메디치의 보호를 받았던 당대 최고의 학자였습니다.

메디치 가문은 기존의 사상과 새로운 사상이 충돌해야 새로운 시대가 시작될 것이라는 확신이 있었습니다. 메디치 가문이 등용했던 당시 신플라톤주의의 대표적인 철학자로는 마르실리오 피치노, 안젤로 폴리치아노, 피코 델라 미란돌라 등이 있었습니다. 그리고 이들의 가르침을 받아 자신들의 작품에 철학적 깊이를 더한 이들이 바로 르네상스 전성기를 열었던 보티첼리와 미켈란젤로 등의 미술인입니다.

코시모는 아버지의 뜻에 따라 피렌체의 문화, 예술, 학문을 발전시키는 데에는 결코 돈을 아끼지 않았습니다. 전해 오는 얘기로는 아버지뿐만 아니라 당시 부유한 모직상의 아들 니콜로 니콜리라는 사람에게도 많은 영향을 받았다고 합니다. 상당히 까다롭고 멋쟁이에다가 지나칠 정도로 예술 애호가였던 니콜로는 상업에는 전혀 관심이 없는 인물이었습니다. 다만 그는 물려받은 유산으로 저택을 아름답게 장식하는가 하면, 서적과 원고, 메달, 동전, 보석, 도자기 등을 수집했다고 합니다. 니콜로의 영향을 받은 코시모는 성장하면서 문화유산이나 미술품을 수집하기 시작했다는 것이지요.

코시모가 피렌체의 국사를 맡아본 기간 동안 피렌체는 유럽에서 가장 아름다운 도시가 되었고, 최고의 예술가들이 활동하는 도시가 되었습니다. 메디치 가문의 후원 아래 만들어진 예술 작품은 대부분 '화려함'보다는 '장엄함'을 바탕으로 합니다. 코시모는 수많은 예술가와 건축가를 보호하고, 큰 규모의 건설 사업을 시도했습니다. 피렌체를 상징하는 산타 마리아 델 피오레 대성당을 비롯하여 산 마르코 수도원, 산 로렌초 성당 등이 이때 새롭게 단장되었습니다. 그러면서 예술가들 역시 코시모의 후원을 받으며 제각기 자유롭게 기량을 발휘할 기회를 갖게 되었습니다. 그렇게 해서 당대의 뛰어난 예술가들이 불멸의 명작을 남길 수 있

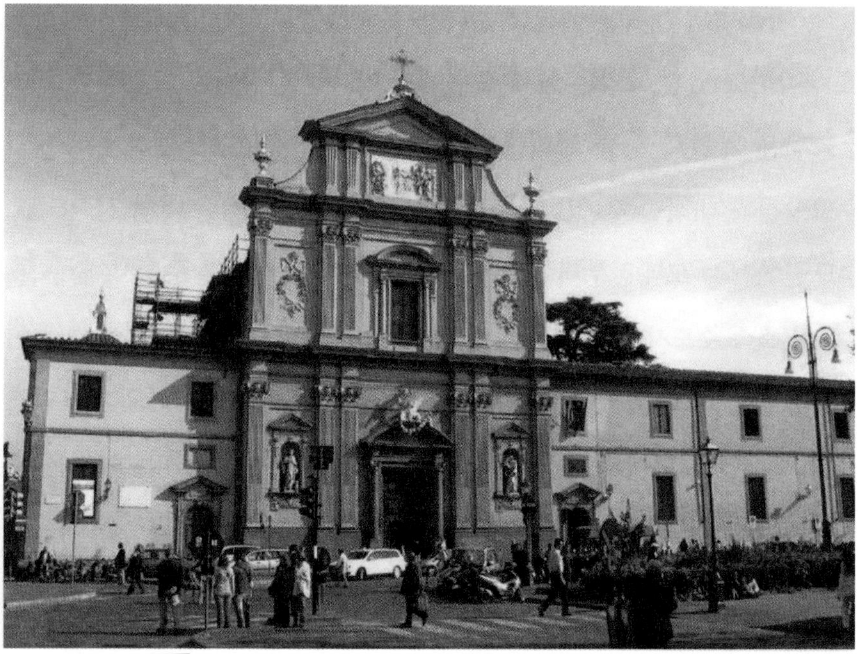

산 마르코 수도원

산 마르코 수도원은 이미 12세기에 있었지만 1437년에 코시모의 후원을 받아 수리하여 피렌체 최초로 르네상스 양식을 도입한 수도원이 되었습니다. 특히 이 수도원은 수사 화가였던 안젤리코의 벽화로 유명합니다.

었으며, 그들의 작품으로 인해 르네상스 예술의 위대함이 활짝 피어났습니다.

대표적인 사례로 코시모가 재건에 뛰어들었던 산 마르코 수도원은 메디치 가문을 지지하는 시민들을 위해 힘을 기울인 건축물입니다. 시민들이 자긍심을 느끼는 한편, 편안하게 기도할 수 있는 안식처를 마련해 주고자 한 것이지요. 미켈로초 디 바르톨로메오

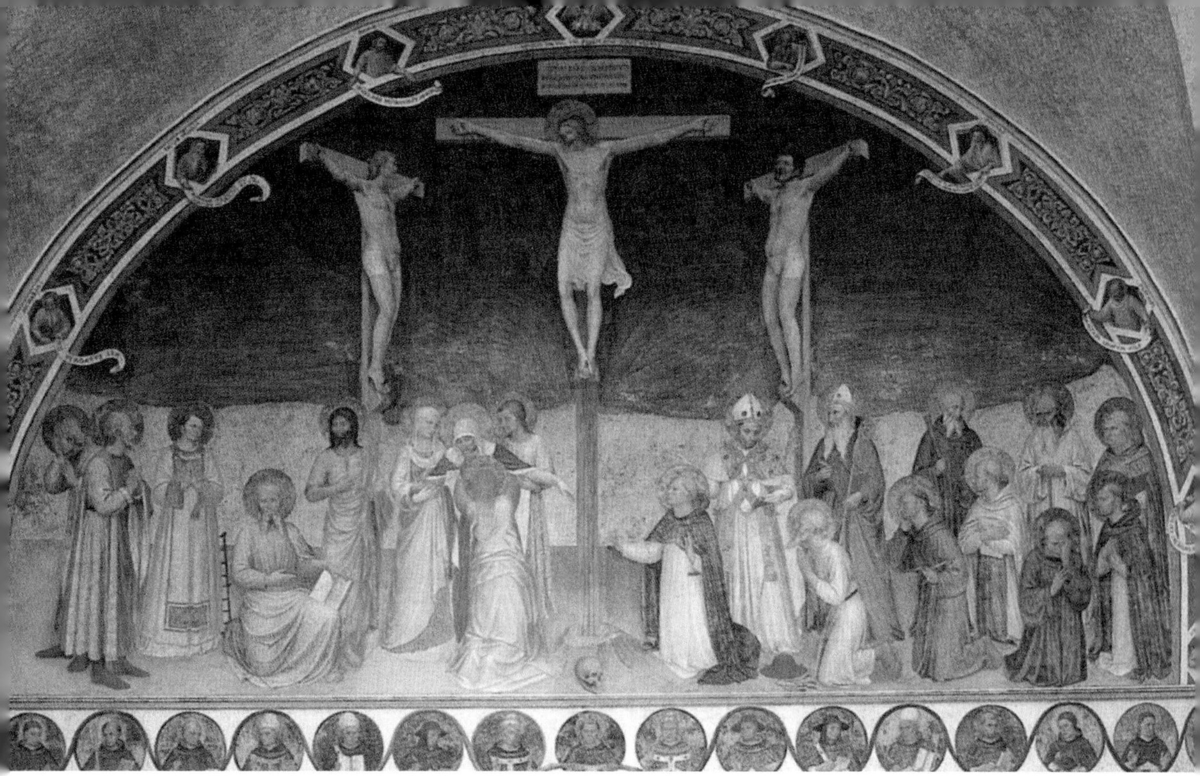

〈십자가와 성인들〉

산 마르코 수도원 박물관에서 프라 안젤리코의 그림은 정말 유명합니다. 사제관의 각 방에 그려진 프레스코 작품들은 단순히 장식을 위한 것이 아니라 수도사들에게 그리스도의 삶과 가르침을 깨닫도록 해 주는 그림들입니다.

가 12년에 걸쳐 완성한 산 마르코 수도원은 메디치 가문의 정치적 기반이 된 평범한 시민들을 결집시켰지요. 즉, 산 마르코 수도원을 통해 시민 공동체를 중시하는 가치관을 효과적으로 실현시켰던 것입니다.

산 마르코 수도원의 내부에는 안젤리코의 뛰어난 벽화가 장식되어 있습니다. 미켈로초는 시민들이 자부심을 느낄 수 있는 '장엄함'을 건축을 통해서 보여 주었으며, 안젤리코는 시민들이 좋아

할 '신중함과 절제'라는 메디치 가문의 지향점을 그림을 통해 반영해 놓은 것으로 유명합니다. 안젤리코는 화가이자 성직자였고, 산 마르코 수도원의 수사들 사이에서도 당대 가장 위대한 화가로 인정을 받던 이였습니다. 특히 천사들과 천상의 무대를 그리는 데에 탁월한 솜씨를 보였습니다. 단순하게 정화된 색채와 맑고 기품 있는 분위기, 정갈하고 차분한 구성이 돋보이지요. 뿐만 아니라 그는 종교성이 깊게 스며든 아름다운 회화를 남겼습니다. 안젤리코의 그림들은 당시에 많은 이들의 경탄을 자아냈다고 합니다.

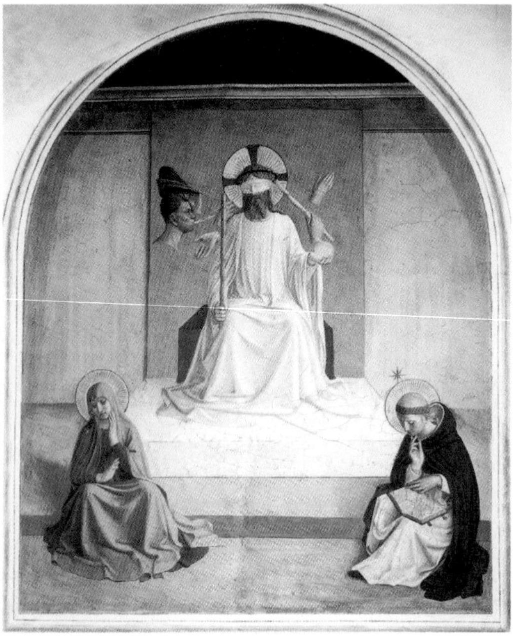

〈조롱당하는 예수〉

예수가 빌라도 총독에게 심문을 받고 고문당하는 장면을 묘사한 그림으로, 친구들의 초상을 도입했습니다.

안젤리코의 그림들에는 사람들이 저마다 개성을 가지고 등장한다는 점이 특이합니다. 그리고 재미난 점이 하나 있는데, 그것은 자신의 그림에 친구들의 초상을 도입한 것입니다. 그러니까 안젤리코는 성경에 나오는 장면을 그리지만 이를 현실에 있는 사람들의 초상화로 대신하고 있다는 것이지요. 이처럼 안젤리코는 르네상스의 인문주의 예술가로서, 사실주의에도 커다란 기여를 하였습니다.

안젤리코 말고도 뛰어난 예술가들이 피렌체에서 활발하게 활동하고 있었습니다. 예를 들어 기베르티는 청동문 제작에 고용되었으며, 브루넬레스키는 여러 궁전 외에도 산 로렌초 성당과 산토 스피리토 성당 건축에 가담했습니다. 그리고 미켈로초는 산 마르코 수도원 외에도 메디치 궁전의 건축을 맡았으며, 도나텔로는 로마에서 돌아와 산 로렌초 성당 건축과 코시모의 새 궁전을 위한 다양한 공사와 조각 등을 도맡아 했습니다. 이미 세상을 떠난 마사초도 여전히 명성을 떨쳤지요. 수많은 화가들이 앞다투어 브란카치 예배당에 있는 마사초의 작품들을 공부했습니다. 그 밖에도 파올로 우첼로와 여러 예술가가 피렌체에서 활발하게 활동하고 있었습니다. 그야말로 예술의 황금기였지요. 코시모는 그들 대부분에게 다양한 작품을 직접 의뢰했습니다.

코시모는 예술가는 존중받아야 한다고 생각했습니다. 당시 사람들에게 그림 그리는 이나 조각하는 이, 금은 세공업자들은 그저 기술자에 불과했습니다. 그에 비한다면 코시모의 생각은 매우 급진적이며 혁신적인 것이었습니다. 그는 당대의 다른 후견인들처럼 예술가를 그저 장인으로 취급해서는 안 된다고 말했으며, 예술가의 재능과 창의성을 매우 중요하게 생각했습니다. 그래서 뛰어난 예술가들을 적극 후원하고 그들에게 많은 일을 맡겼던 것입니다.

이처럼 코시모는 피렌체의 대표적인 대부호이자 상인인 동시에 권력자이자 학문과 예술을 사랑한 이로, 예술가에 대한 기존의 인식을 획기적으로 전환시킨 사람이었습니다. 그로 인해 르네상스 문화는 크게 번성하였습니다. 바야흐로 새로운 세계, 새로운 문화를 열어 나갔던 것입니다.

많은 예술가 중에 코시모가 특히 사랑한 작가는 도나텔로였습니다. 도나텔로는 지오토가 회화에 도입한 것과 같은 대혁명을 조각에 도입한 이로, 14~15세기에 피렌체에서 활동한 조각가입니다. 그는 뛰어난 구성 솜씨로 수많은 인물을 다루는 데에 능숙했다고 전해집니다. 또한 건축물의 장식 일부에 머물렀던 조각을 그 자체로 의미 있는 존재가 되도록 한 이였습니다. 그리고 중세 조각가들이 '초자연적 영광에 속한 영원한 것들(종교적이고 신성한 것)'을 표현하기 위해 상징에 의존할 때, 도나텔로는 인간의 실제적인 육체에 가까운 조각상을 만들어 내어

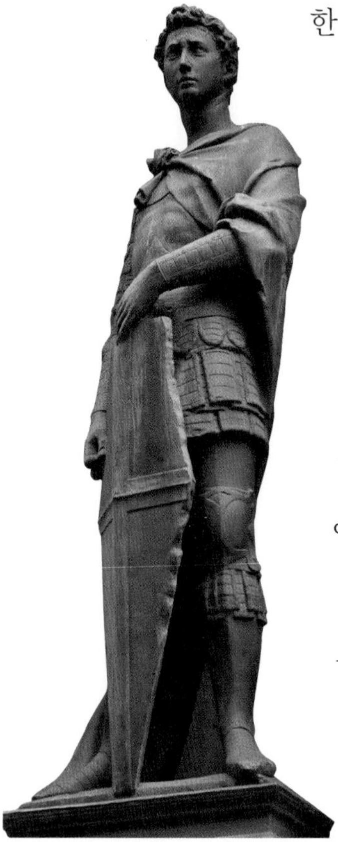

〈성 지오르지오〉

도나텔로가 제작한 〈성 지오르지오〉는 건축의 질서를 따르고 있던 조각을 3차원의 공간에서 독립시킨 것이지요.

조각상이 정신과 감정까지 품도록 했습니다. 그는 불과 스무 살에 중세의 방법과는 완전히 다른 것을 추구했지요. 이는 고대 그리스와 로마의 조각상에서 영향을 받은 것입니다.

도나텔로는 1415~1417년경 〈성 지오르지오〉를 제작했습니다. 이 조각상은 정교하고 사실적인 묘사로 유명한 작품입니다. 마치 칼로 형태를 그린 듯한 새로운 기법을 만들어 냈으며 앞부분은 크고 선명하며 단단한 윤곽선을 표현했고, 멀리 있는 것은 작고 희미한 원근법의 원리를 조각에 적용했습니다. 그로 인해 도나텔로는 당대 최고의 혁신적인 조각가가 되었습니다.

도나텔로는 1425~1430년경에는 코시모를 위해 청동을 이용하여 〈다비드〉를 제작했는데, 이 작품은 조각 예술의 새로운 장을 연 것으로 알려져 있습니다. 천 년 넘게 시도된 적 없는, 단독으로 설정된 최초의 나체상이었기 때문입니다. 〈다비드〉는 궁전의 안뜰에 세워져 사방에서 감상할 수 있도록 설치되었습니다. 사실 그때까지 예술가들이 추구해 온 목표는 될 수 있는 대로 자연을 실물 그대로 재현하는 것이었고, 이것만으로도 그들은 벅차했습니다. 그런데 도나텔로는 거기서 한 걸음 더 나아가 조각상

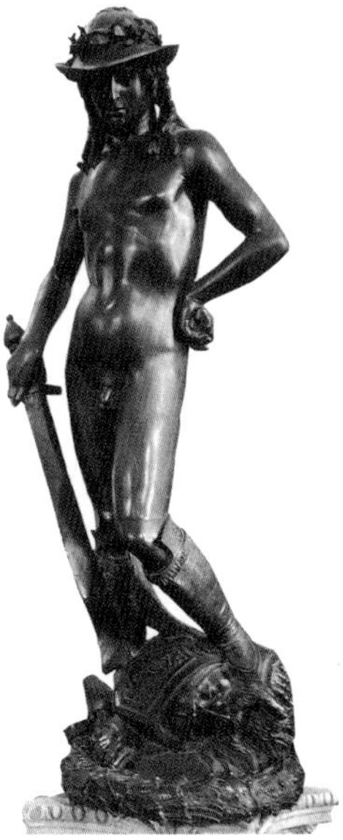

〈다비드〉

도나텔로가 제작한 청동상으로 다비드의 젊음이 넘치는 육체를 표현하여 고전미를 풍기고 있지요.

에 정신까지도 담고자 했습니다. 그는 조각이 일종의 언어로서 기능해야 한다고 보았습니다. 그러니까 예술은 진리를 전달하는 수단이어야 한다고 본 것입니다. 이것은 메디치 가문의 예술 후원과 맞물려 있는 것이기도 합니다. 그래서 사람들은 도나텔로를 '지식인들의 거장'이라고 불렀습니다.

도나텔로는 1453년 베네치아 공화국을 위해 로마 시대 이래 최초로 청동 기마상을 완성했습니다. 베네치아의 장군 가타멜라타를 묘사한 작품인데 이는 이탈리아 파도바 광장에 전시되었습니다. 기마상에서 흔들리는 듯 표현된 머리카락은 매우 놀라워

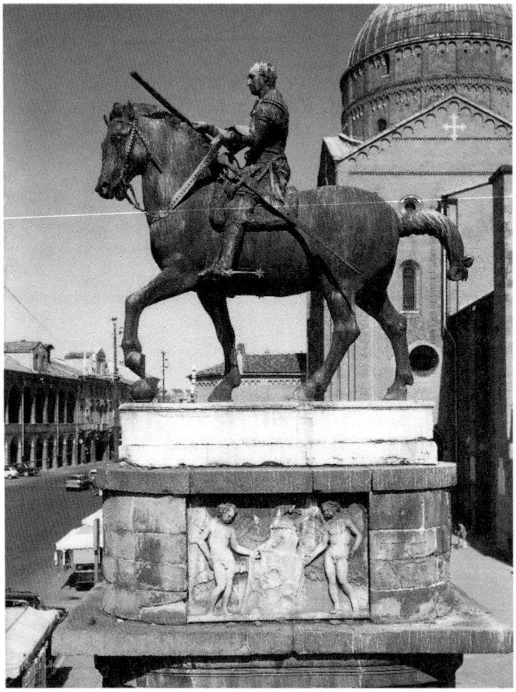

〈가타멜라타 기마상〉

베네치아의 장군 가타멜라타를 기념하기 위해 도나텔로가 세운 청동 기마상입니다.

서 후대 사람들은 고금을 통틀어서 "머리카락이 자라고 흔들리는 질감을 표현하는 데에 도나텔로를 능가하는 조각가는 없다."라고 말했다고 합니다. 인체 연구를 바탕으로 한 사실주의적 표현에 다양한 동작과 표정으로 인간성을 불어넣은 도나텔로는 조각에 혁명을 일으키고 후대인에게 예술의 참된 목표가 무엇인지를 가르친 이였습니다.

도나텔로와 함께 브루넬레스키 또한 메디치 가문의 후원을 받은 대표적인 건축가입니다. 브루넬레스키는 15세기 피렌체의 탁월한 건축가였는데, 당시 메디치 가문은 그에게 산 로렌초 성당의 성구 보관실과 산 로렌초 성당 건물 자체의 설계를 맡길 정도로 그의 능력을 신뢰하였습니다.

브루넬레스키의 대표작은 바로 산타 마리아 델 피오레 대성당의 돔이었습니다. 흔히 르네상스 초기 미술을 대표하는 인물로 건축은 브루넬레스키, 조각은 도나텔로, 이론은 레오네 바티스타 알베르티, 그림은 마사초를 꼽습니다. 르네상스 미술은 고대의 로마 미술에서 수치 비례, 균형, 조화의 통일성, 기념비적인 예술성, 경험적이고 실제적인 사실성, 재료 및 기술의 적절성을 발견하였습니다. 이는 르네상스 미술가들에게는 커다란 수확이었습니다. 신의 말씀을 형상화한다는 중세 미술의 비유적인 상징주의적 세계가 인간 자신이 본 세계, 즉 살아 숨 쉬는 세계로 바뀐 것입니다.

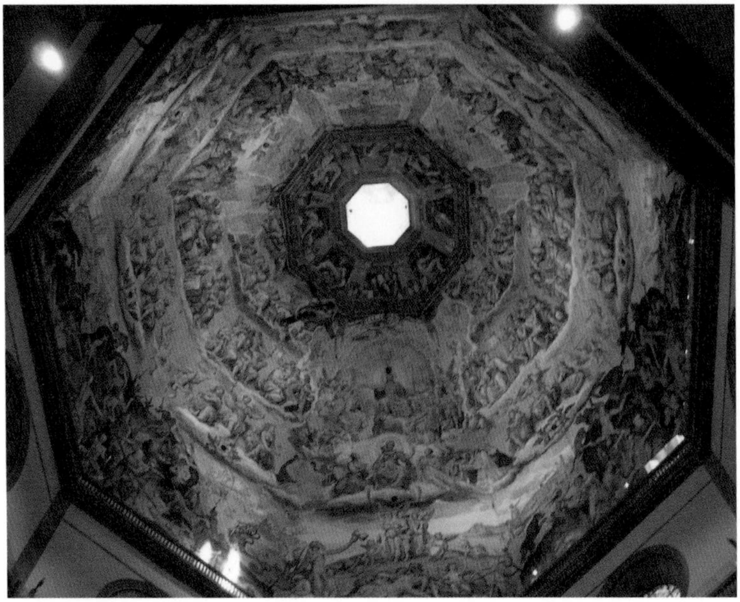

〈최후의 심판〉

다각형의 평면 위에 만들어진 둥근 곡면의 천장이나 지붕인 돔의 어원은 '신의 집'이란 뜻이며, 그래서 성당의 원형 지붕을 돔이라고 부릅니다. 로마 시대에 완성된 돔은 이후 쇠퇴했다가 르네상스 시대 브루넬레스키에 와서 비로소 대규모 돔 구조물이 가능해졌습니다. 〈최후의 심판〉은 르네상스 시대 화가이자 건축가였던 조르조 바사리가 산타 마리아 델 피오레 대성당의 돔 내부에 그린 천장화이며, 이 그림을 그리던 중 바사리가 세상을 뜨면서 페데리코 주카리의 손으로 마무리되었습니다.

브루넬레스키는 중세 건축에서 근대적인 건축으로 탈바꿈하는 기발하고 혁신적인 구조를 이루었습니다. 브루넬레스키의 건축이 안정감을 주는 이유는 수학적인 원리를 작용한 명쾌한 공간 산출에 있습니다. 브루넬레스키는 중세의 폐쇄적인 건축 공간을 고대 그리스·로마 건축의 기본인 수학 원리를 바탕으로 유기적이고 합리적인 건축으로 바꾸어 놓았습니다. 그리하여 질서 있고 개방적인 공간을 보여 주는 새로운 건축 구조를 탄생시켰던 것입니다. 다시 말해 고대와 중세의 유산을 새로운 공간 개념 안에 종합한 사람이 바로 브루넬레스키입니다. 그가 시공한 대성당 중앙에 있는 원형 팔각은 르네상스 건축의 본격적인 시작을 알리는 매우 중요한 사건이었습니다. 브루넬레스키가 이룬 르네상스 건축은 고전적 건축 요소인 객관적이고 합리적인 수학 원리를 이용하면서 형태적으로는 조화와 질서, 통일, 균형을 추구했습니다. 외관은 정교하게 장식하였으나 실내는 엄격하고 간소하게 꾸며져 대비되는 느낌이 들도록 만들었으며, 벽면에 장식적인 요소를 많이 도입하기도 했습니다.

중세 시대만 해도 성스러운 종교화에 세속적인 인물 형상을 묘사하는 것은 불가능했습니다. 그러나 르네상스 시대로 접어들면서 메디치 가문의 후원을 받고 정치에 깊숙이 관여하게 된 인문학자들의 요구는 예술 작품의 주제로 적극 등장하기 시작합니다.

소수 상인들의 이익보다도 공동체의 이해관계를 더 중시하는 사상을 전파하는 인문학자들, 이들의 주장을 등에 업고 새로운 시대를 펼쳐 보려는 상인들이 만나 서로가 융합할 수 있는 교차점을 만들어 보였지요. 이를 통해 피렌체를 시민 중심 사회로 변혁하려 한 것입니다. 그러니까 당시 메디치 가문을 중심으로 부유한 상인들은 국가를 구하기 위해 상업적 이윤, 정치권력과 같은 세속적 욕망, 그리고 신앙생활이 공존할 수 있는 생존의 공간이 절대적으로 필요했던 것이지요. 신앙에 의해서 구속되었던 공간에서 세속적 욕망을 추구할 수 있는 자유의 공간이 움트기 시작했고, 그곳이 바로 메디치 가문의 적극적인 후원으로 가능했던 '르네상스 창조의 공간'이랍니다.

종교적인 내용도 큰 변화를 겪습니다. 본래 성경에 따르면 인간은 죄를 지은 존재입니다. 아담과 하와가 선악과를 따 먹는 최초의 죄를 지었기 때문에 모든 인간은 태어날 때부터 죄를 가지고 태어나는 것으로 보는 교리가 중세 시대를 지배했습니다. 하지만 르네상스 시대의 인문학자들은 '인간도 신처럼 될 수 있는 존재'로 생각하는 새로운 교리, 이른바 '헤르메스 주의'에 귀를 기울이기 시작합니다. 인간이 신처럼 되려고 노력하는 것은 결코 불가능한 것이 아니었습니다. 이로써 새로운 시대에 맞는 새로운 구원관이 피렌체에서 탄생하게 됩니다. 그리고 그런 교리에 심취한 인문학자들은 성직자의 역할을 대신 맡았고, 예술 작품의 주제도 이들이 결정할 수 있게 됩니다. 이 과정에서 고대 로마 제국의 문화와 이교도로 여겨지던 그리스의 신들이 예술 작품의 주제로 적극 선정되기도 합니다. 바야흐로 르네상스 예술 작품에 새로운 주제가 등장하는 전환점이 만들어진 것입니다.

고대 로마 제국의 인문학적 지식과 그리스 시대의 철학 사상으로 무장한 인문학자들은 메디치 가문의 후원, 특히 로렌초 데 메디치의 강력한 지원에 힘입어 새롭게 지어진 별장에서 정기적인 모임을 갖습니다. 로렌초는 코시모의 손자로 '위대한 로렌초'라는 뜻의 로렌초 일 마그니피코라고 불렸어요. 로렌초의 모임에서 인문학자들이 이야기하고 싶은 것을 그림으로 그린 것이 바로 보티첼리의 그림입니다. 이렇게 로렌초 시대에 이르러서는 플라톤 아카데미의 학자들이 유력 가문들과 고위 성직자들을 제치고 정치 전면에 나섰습니다.

로렌초가 통치하는 피렌체는 유럽의 예술과 지성의 중심지로서

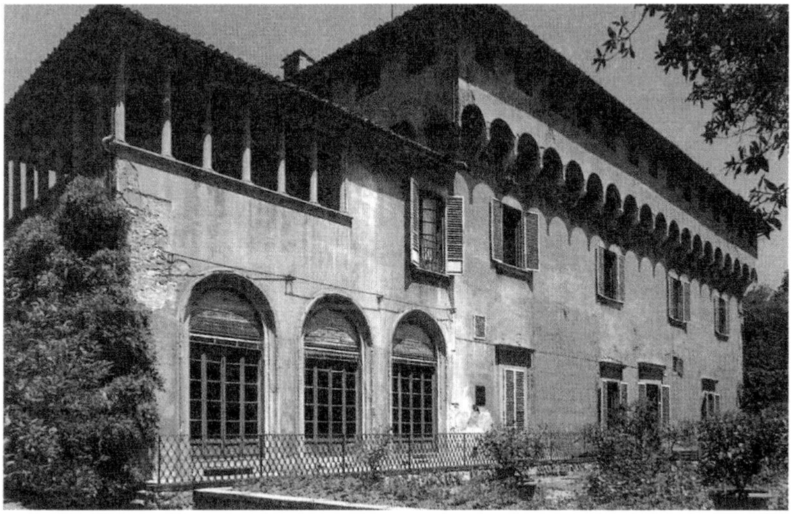

메디치 가문의 별장

피렌체 인근의 카레지란 마을에 있는 메디치 가문의 별장으로 미켈로초가 건축했으며, 마르실리오 피치노가 1459년부터 플라톤 아카데미를 운영했던 곳입니다.

예술과 문화의 꽃을 활짝 피웠습니다. 당시 피렌체는 지식을 존경하고 종교적인 교리의 압박에서 해방된 예술을 찬양하는 도시였습니다. 로렌초 역시 할아버지와 아버지의 뒤를 이어 예술에 커다란 관심을 보였지만, 그것은 어디까지나 고도의 정치적 목적에서였습니다. 그는 예술가들에게 자신과 메디치 가문의 영광을 찬미하도록 했고, 피렌체의 예술을 동경하는 다른 나라의 군주들에 대한 유력한 외교 수단으로 예술을 이용했습니다.

자신도 인문학을 배운 로렌초는 이탈리아 문학사에 남는 훌륭한 시인이기도 했습니다. 그는 항상 유능한 학자들을 주변에 두었지만 자신도 그들과 견줄 정도의 지적 능력을 지니고 있었다고 합니다. 로렌초는 또한 음악에도 관심이 많았습니다. 그는 오르가니스트였고, 자신의 시에 바이올린 연주를 배경 음악으로 깔고 낭송하는 것을 즐겼으며, 축제의 무도곡을 직접 작사하기도 했습니다. 그리고 알베르티의 건축서를 탐독하기도 했지요. 또한 그리스·로마의 조각을 모아 조각가들에게 공개하여 참고하게 하였습니다. 젊은 미켈란젤로의 재능을 알아보고 자신의 궁으로 불러들인 이도 바로 로렌초 데 메디치였습니다. 그리고 당대의 회화와 조각 작품을 상당수 소장하였으며 예술가들을 피렌체 이외의 귀족 후원자에게 소개하여 피렌체 미술의 영향력을 전 세계에 파급시키기도 하였습니다.

사실 로렌초는 당대 미술가들의 작품보다는 옛 골동품 수집에

더 큰 관심을 기울였고, 여기에 많은 돈을 썼다고 합니다. 하지만 그가 미술에 끼친 영향력은 엄청났습니다. 메디치 궁전의 예술 소장품 수를 배로 늘렸고, 당대에 그가 후원하지 않는 화가나 조각가는 없었다고 해도 과언이 아니었습니다. 로렌초는 단지 후원만 하는 데에 머물지 않고 보편적인 가치를 지닌 비평 또한 남겼습니다. 오늘날 피렌체에 남아 있는 당대의 걸출한 회화나 조각 작품들은 거의 로렌초가 의뢰한 것들입니다. 그는 특히 보티첼리를 가문의 화가이자 친구로 삼았지요. 그래서 보티첼리의 그림은 대부분 친구인 로렌초를 위해 그린 것입니다.

로렌초가 만든 플라톤 아카데미에 모인 사람들은 보티첼리에게 별장의 벽면을 자신들의 새로운 시대를 표현한 아름다운 그림으로 장식해 줄 것을 의뢰했습니다. 그 결과 〈봄〉 또는 이탈리아어로 〈프리마베라〉라고 알려진 작품이 탄생합니다. 이 그림에는 피렌체의 어두운 시대가 가고 새로운 시대(봄)가 다가오고 있다는 상징적인 표현이 담겨 있습니다. 플라톤 아카데미의 준회원이었던 보티첼리는 피렌체에 로마 제국의 황금시대가 재림하는 모습을 회화로 표현하는 책임을 맡았습니다. 코시모의 아들 피에로 데 메디치는 1464년, 가문의 수장이 된 직후에 화가 보티첼리의 타고난 재능을 발견하고서 그를 고용했습니다. 병약했던 피에로는 5년간의 짧은 통치를 마치고 1469년에 죽었습니다. 이후 장남

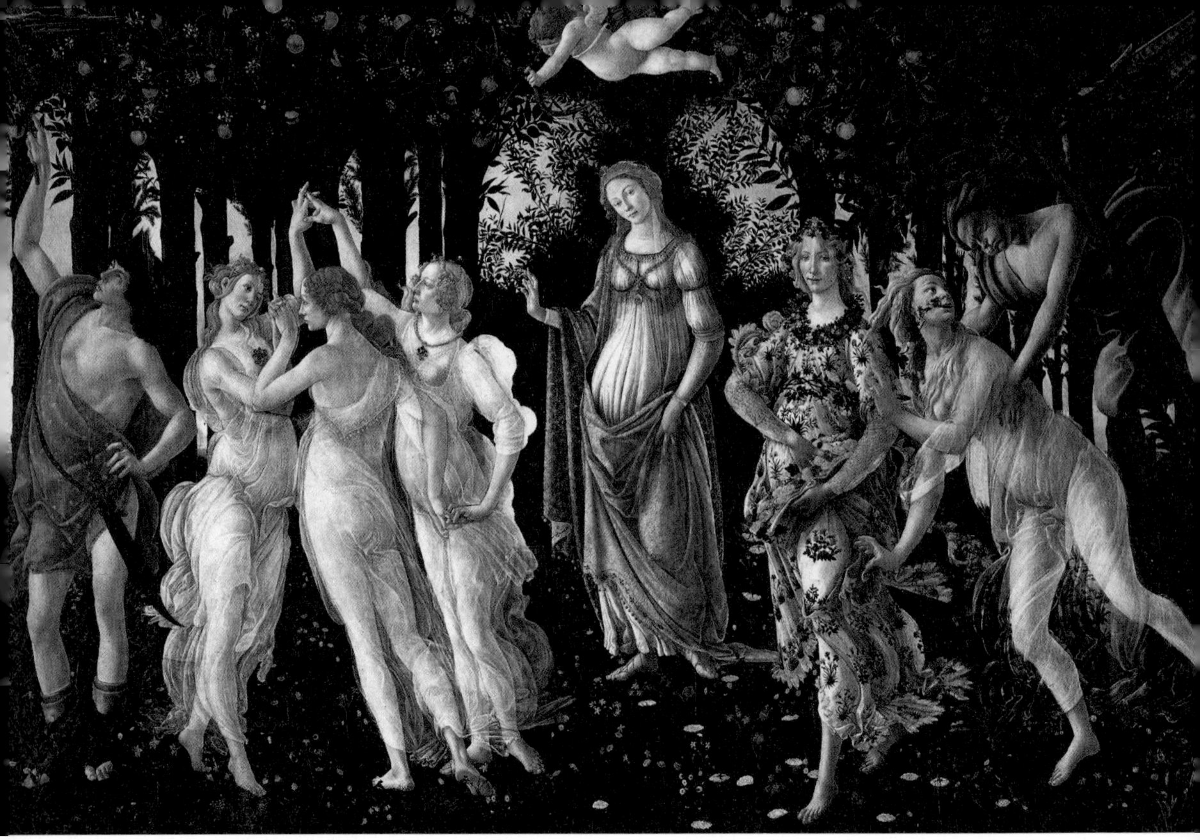

〈봄(프리마베라)〉

화면 중앙에 비너스가 서 있고 그 뒤로 화살을 쏘고 있는 큐피트가 있습니다. 왼쪽에는 세 명의 여신과 헤르메스, 오른쪽에는 바람의 신 제피로스와 꽃의 여신 플로라가 자리하고 있습니다.

로렌초 데 메디치가 수장이 되었지요. 이제 보티첼리는 그를 위해 그림을 그립니다.

보티첼리는 르네상스 미술에서 처음으로 신화를 소재로 삼아 여기에 철학적이고 정신적인 진리를 담아내고 이를 매우 우아한 그림으로 표현했습니다. 그의 두드러진 특성 중 하나는 뛰어난 감수성으로 주변의 정신적 분위기를 남다르게 담아냈다는 점입니다. 보티첼리는 미술의 목적이 정신을 묘사하는 것이라고 보았습니다. 그것은 가려진 근본적인 실체를 꿰뚫어 보는 것으로 만물의 본질을 본다는 뜻이기도 합니다. 이 말은 궁극적으로 예술과 철학은 같은 목적을 향해 달려가는 활동이라는 뜻입니다. 보티첼리의 미술은 아름다움이란 참다움, 그리고 올바름과 결코 분리될 수 없다는 플라톤 사상에 기반을 두고 있습니다.

보티첼리의 그림에서 가장 중요한 점은 무엇보다도 아름답고 부드러운 선의 처리입니다. 보티첼리는 부드러운 선을 통해 대상을 사실적으로 표현하는 동시에, 대상이 지닌 정신성이 바깥으로 나오도록 그리고 있습니다. 매혹적이며 감미로운 선은 시적인 느낌을 고조시킵니다. 보티첼리는 우아한 삶, 춤, 그리고 물결치듯 흔들리는 옷감을 매우 사랑한 화가였습니다.

〈봄〉 〈비너스의 탄생〉 〈비너스와 마르스〉와 같은 그림은 보티첼리의 대표작입니다. 보티첼리의 그림은 단지 뛰어난 기교에 치우친 것도, 자연주의적인 모방에만 머무른 것도 아니었습니다. 보티첼리의 그림은 무엇보다도 정신적이고 철학적인 학문 세계를 수용하려는 의미심장한 그림이었습니다.

〈비너스의 탄생〉은 그리스 신화의 한 장면을 상상해서 그린 그림입니다. 이 작품은 중세 이후 최초로 등장한 실물 크기의 여성 누드이기도 합니다. 파도에 밀려 육지에 다다른 비너스는 고대 그

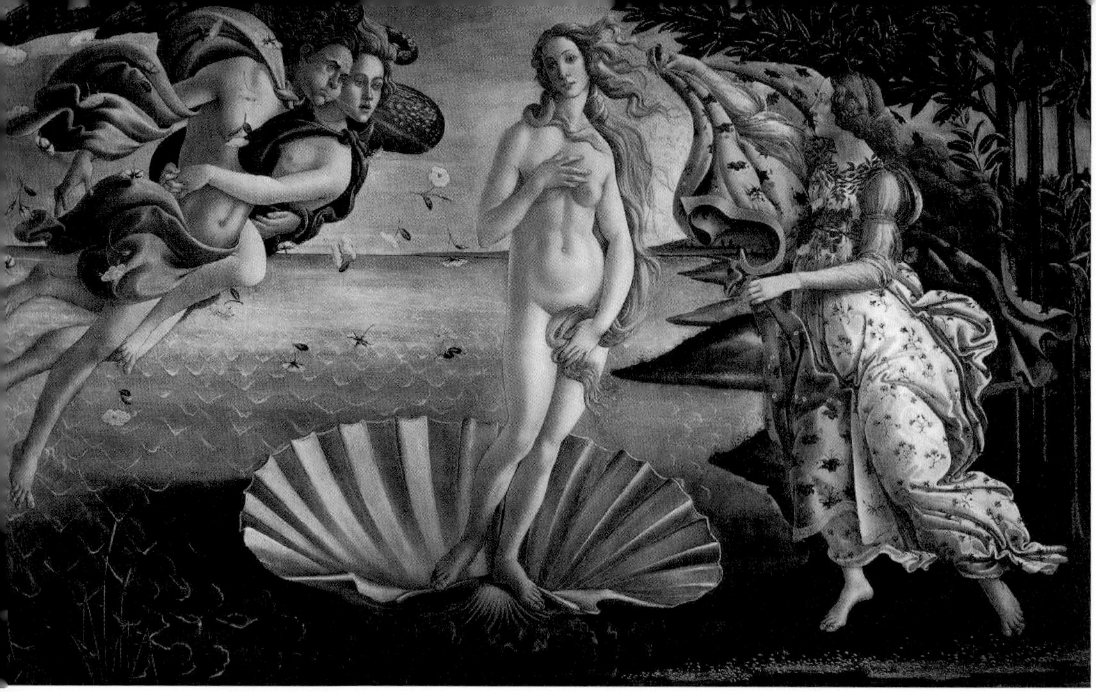

〈비너스의 탄생〉

여체의 벌거벗은 아름다움을 비로소 자유롭게 표현할 수 있게 된 르네상스 시대의 대표적인 비너스 그림입니다. 바다에서 태어난 비너스가 바람에 의해 해안가에 도착하는 장면을 시적으로 표현하고 있습니다.

리스 조각상과 유사하게 이상적인 신체 비율과 하얀 피부를 지녔습니다. 한쪽 다리에 체중을 싣고 다른 한쪽 다리는 살짝 구부린 자세(콘트라포스토)로 관능적인 몸매를 보여 줍니다. 계절의 여신인 호라이 중 한 명이 기다리고 있다가 화려한 망토로 그녀의 벌거벗은 몸을 감싸 줍니다. 그리고 그녀의 발이 곧 밟을 풀밭에서는 무수한 꽃들이 자라나고 있지요.

보티첼리는 비너스가 한 손은 눈같이 흰 가슴에 얹고, 다른 한 손은 길게 늘어뜨린 금발로 아랫부분을 가리고 있도록 그렸습니다. 비너스가 취하고 있는 이 자세를 비너스 푸디카(Venus Pudica)라고 합니다. 라틴어로 '정숙한 비너스'란 뜻으로, 한 손은 가슴을 가리고 다른 한 손은 음부를 가린 자세를 말하는 것이지요. 또한 비너스를 금빛 조개에 올라서서 잔잔한 파도 위를 미끄러져 가는 모습으로 묘사했습니다. 바람의 신 제피로스가 님프 클로리스와 서로 밀착한 채 공중을 날면서 해안으로 여신을 불어 보내며 장미 송이들을 그녀 주변에 흩뿌립니다. 푸른색 옥수수꽃으로 수놓은 흰 겉옷을 입은 아름다운 여신이 가볍게 솟아나와 비너스에게 꽃무늬 겉옷을 주고 있습니다. 한편 배경에는 조용한 바다가 펼쳐져 있고 저 멀리 이른 새벽의 차갑고 잿빛 여명 아래 잠들어 있는 아스라한 곶이 눈에 들어와 매우 아름답습니다.

앞에서 봤던 〈봄〉에도 보티첼리는 황금시대를 잉태한 여신 비너스를 등장시키고 있습니다. 보티첼리는 비너스가 피렌체로 향하고 있다는 확신을 주기 위해서, 꽃의 도시 피렌체를 상징하는 꽃의 여신 플로라를 작품에 그려 넣었던 것입니다.

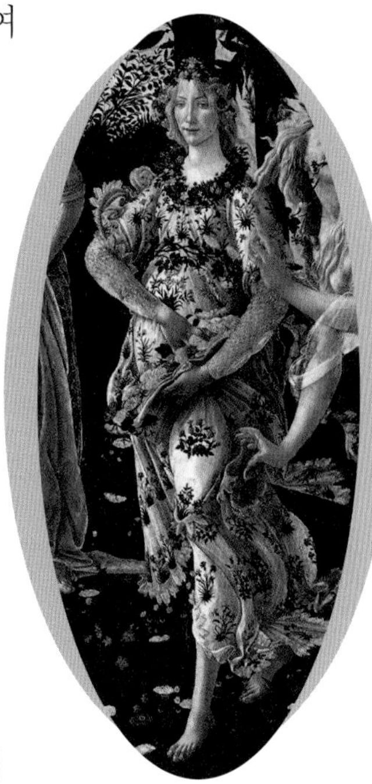

〈봄〉 속 플로라

화려한 꽃무늬 옷을 입고 서 있는 꽃의 여신 플로라입니다.

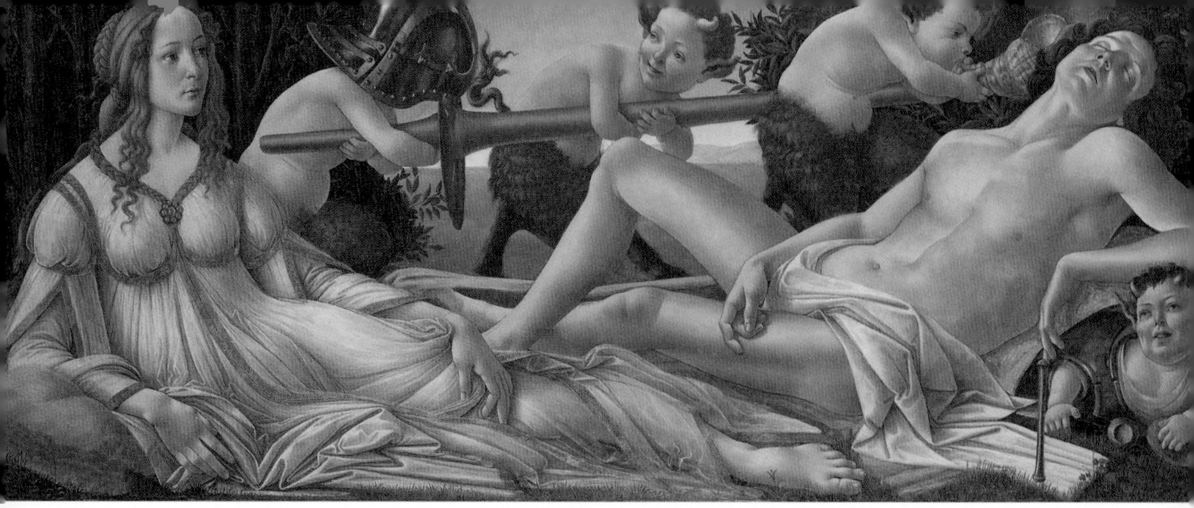

〈비너스와 마르스〉

개구쟁이 사티로스들이 잠들어 있는 마르스를 깨우려 하고 있고 비너스는 이런 연인의 모습을 다소 원망스러우면서도 재미있다는 표정으로 바라보고 있습니다.

〈비너스와 마르스〉에서 비너스는 고대 로마 제국의 기초이자 황금시대를 마련한 아이네이아스의 어머니이고, 마르스는 로마 제국을 건국한 로물루스와 레무스 형제의 아버지입니다. 보티첼리는 야만인들이 살던 라티움(현재 로마 지역)에서 황금시대를 펼친 로마인들의 어머니계와 아버지계를 피렌체로 모셔와 피렌체에도 황금시대가 도래하고 있다는 선전을 하고 있는 것입니다. 동시에 이탈리아반도에 서풍이 불면 추운 겨울이 가고 따뜻한 봄이 오는 것과 마찬가지로 피렌체에도 평화로운 황금시대가 펼쳐질 것이라는 희망을 그려 내고 있습니다.

이처럼 피렌체의 인문학자들은 피렌체에서 펼쳐질 새로운 시대의 모습을 과거 고대 로마 시대의 문학 작품과 신화에서 찾았습니다. 이와 같이 보티첼리는 메디치 가문의 적극적인 후원과 지지에 힘입어 고대 그리스의 정신과 르네상스의 정신이 유쾌하게 혼합된 그림을 그리는 한편, 인간의 아름다운 몸과 고귀한 정신, 자유로운 삶의 공기 등을 적극적으로 옹호하고 있습니다. 이것이 바로 메디치 가문이 추구했던 이상입니다.

로렌초는 보티첼리 외에도 도메니코 기를란다요에게 산타 마리아 노벨라 성당과 산타 트리니타 성당의 프레스코화들을 그리게 하였으며 레오나르도 다빈치를 선발하여 밀라노로 보내기도 했습니다.

당시 메디치 궁전에 소장된 귀중한 예술품들은 그 시기의 유럽에서는 도저히 찾아볼 수 없는 수량과 가치를 지녔습니다. 로렌초는 이곳을 젊은 예술가들에게 공부하는 장소로 기꺼이 내주었습니다. 조각 학교가 하나도 없던 시절, 그는 산 마르코 수도원 곁에 있는 자신의 정원에다 고대의 많은 조각상을 수집해 놓은 다음 조각 학교를 세웠습니다. 그러고는 그 학교를 도나텔로의 제자 베르톨도 조반니에게 맡기고 많은 조각가를 불러 모아 그곳에서 공부하게 했습니다. 미켈란젤로를 비롯해 훗날 유명한 조각가가 된 많은 사람들이 바로 이곳에서 공부할 수 있었습니다. 로렌초는 정치 활동으로 피곤할 때면 시인이나 인문주의 학자들과 어울리면서 휴식을 취했다고 합니다. 비록 자신의 할아버지와 아버지에 비한다면 상대적으로 미술의 혁신에 기여한 바는 비교적 적었지만, 그럼에도 그가 미친 영향력은 대단한 것이었습니다. 이러한 메디치 가문의 엄청난 재정적 지원을 받아 활발하게 활동한 예술가들의 영향력은 이후 전 유럽으로 확산되었습니다.

바야흐로 회화와 조각이 전면에 나서면서 놀라운 기량과 뛰어난 솜씨를 드러내기 시작했습니다. 미술의 시대가 펼쳐진 것입니다.

Chapter 6 도판 정보

프라 안젤리코 〈십자가와 성인들〉, 1441~1442년경, 이탈리아 산 마르코 수도원 미술관

프라 안젤리코 〈조롱당하는 예수〉, 1440~1442년경, 이탈리아 산 마르코 수도원 미술관

도나텔로 〈성 지오르지오〉, 1415~1417년경, 이탈리아 바르젤로 국립박물관

도나텔로 〈다비드〉, 1425~1430년경, 이탈리아 바르젤로 국립박물관

도나텔로 〈가타멜라타 기마상〉, 1447~1453년경, 이탈리아 파도바 섬 안토니오 대성당 광장

조르조 바사리, 페데리코 주카리 〈최후의 심판〉, 1574년, 산타 마리아 델 피오레 대성당

산드로 보티첼리 〈봄(프리마베라)〉, 1477~1482년, 이탈리아 우피치 미술관

산드로 보티첼리 〈비너스의 탄생〉, 1485년경, 이탈리아 우피치 미술관

산드로 보티첼리 〈비너스와 마르스〉, 1485년경, 영국 내셔널 갤러리

CHAPTER 7

르네상스 미술의 전파

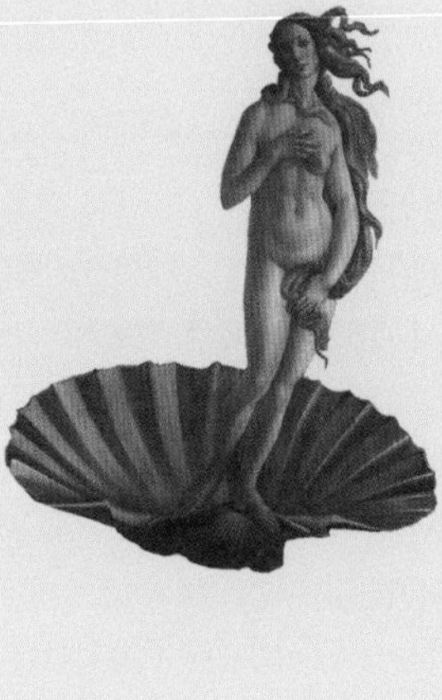

문학과 예술의 후원자이자 관대한 품성으로 서민들의 마음을 사로잡은 메디치 가문은 자신들의 정치적 재능으로 피렌체를 이탈리아에서 가장 중요한 도시이자 유럽의 공인된 지적·예술적 도시로 만들며 학문과 예술, 유행의 중심지로 이끌었습니다.

15세기 이후에도 공화정을 유지하던 피렌체는 15세기 후반에 이르러서는 메디치 가문의 독선적 행위로 이름만 공화정일 뿐 실제는 독재 정치가 이루어지고 있었습니다.

그런데 당시 유럽은 군사력이 강해진 프랑스가 한때 자신들이 지배했던 나폴리 왕국을 되찾기 위해 이탈리아를 침공하는 등 정치적으로 매우 혼란스러웠습니다. 피렌체는 프랑스와 에스파냐의 세력 다툼을 위한 싸움터가 되었지요. 메디치 가문이 추방당한 뒤 피렌체는 시민에 의한 공화정을 되찾고자 하였습니다. 그러나 강력한 힘으로 사람들을 결집하지 못한 시민 정부는 항상 프랑스와 에스파냐의 위협을 받을 수밖에 없었지요.

이때 유럽은 프랑스 왕 프랑수아 1세(François I, 재위 1515~1547)와 에스파냐 왕 카를로스 1세(Carlos I, 에스파냐 1516~1556, 신성 로마 제국 1519~1556)가 큰 권력을 쥐고 있었습니다. 그러나 카를로스 1세가 신성 로마 제국 황제의 자리에 오르고 플랑드르 저지대를 얻은 뒤 에스파냐의 왕을 겸하자 프랑스를 제외한 대부분의 유럽이 그의 권력 아래 있게 되었습니다.

피렌체에서는 1492년 로렌초가 죽은 뒤 그의 아들 피에트로 데 메디치(Pietro de Medici, 1472~1503)가 권력을 계승했습니다. 하지만 혼란스러운 정치 상황은 지속되었습니다. 또한 메디치 가문이 재정적으로 어려움을 겪게 되면서 피렌체의 번영과 안정도 끝나게 되었지요. 당시 정치가인 니콜로 마키아벨리는 어려움에 처한 피렌체를 구할 해법을 황제가 아니라 시민들의 권력, 즉 로마 제국의 공화정에서 찾았습니다. 마키아벨리는 위험에 처한 피렌체를 구하기 위해 용병 제도를 폐지하고, 피렌체 시민들로 구성된 정규군을 운영해야 한다고 주장했습니다.

그 뒤 피에트로는 1494년 프랑스의 침입을 계기로 마키아벨리에 의해 추방당하고, 피렌체에는 공화정 시대가 들어서게 되었지요. 메디치 가문이 이끌던 르네상스의 황금시대 역시 문을 닫게 된 것입니다. 피렌체에는 시민 공동체를 중시하는 가치관이 다시 등장하였고, 예술가들 역시 피렌체 공화국의 가치를 상징하는 주제를 작품에 반영하게 됩니다. 하지만 당시 공화정의 이념은 정의로웠으나 힘은 약했습니다. 따라서 프랑스와 로마, 밀라노와 베네치아 사이에서 외교적인 줄타기를 해야만 했습니다.

이러한 위기의 상황에서 피렌체는 나라를 구하는 애국적인 인물 혹은 영웅의 이미지가 필요했습니다. 힘과 지혜를 겸비한, 마치 성경에 등장하는 거인 골리앗을 물리친 다비드(다윗)와 같은 영웅이 요구되었지요. 방어와 자유를 상징하는 다비드는 당시 피렌체의 민심을 통일하기에 적합했던 인물이었습니다. 이때 제작된 것이 바로 미켈란젤로의 〈다비드〉였습니다. 이 작품은 마키아벨리가 염원하고 있던 로마 제국 공화정의 이상을 작품에 담아낸 것이기도 합니다.

봉건 시대인 중세에는 광장이라는 장소가 거의 형성되지 못하였습니다. 그러다 중세 말에 야외에서의 대중 설교가 일반화되면서 교회 앞 광장이 넓어지고, 시장 역할을 하는 광장도 따로 생겨났습니다. 르네상스 초기, 시민 사회가 발달하면서 시청 앞 광장이 공식 행사의 장으로 조성되기도 했지요. 본격적인 르네상스 시대에 이르러서는 광장에 조각상을 배치하는 등 더욱 계획적인 공간으로 변하기 시작했습니다. 피렌체의 시뇨리아 광장이 대표적이지요. 바로 이 공간에 공화정의 요구에 부응하기 위해 미켈란젤로의 〈다비드〉가 제작되어 놓이게 된 것입니다. 미켈란젤로의 대표작인 〈다비드〉는 놀랄 정도로 사실적이고 아름다우며 감동적입니다. 사실 〈다비드〉는 단독으로 놓이기 위해 만들어진 조각은 아니었습니다. 당대의 다른 작품들과 마찬가지로 건물의 특정한 장소에 배치되어 있던 것이었지요. 그러나 〈다비드〉는 단독으로 자유롭게 서 있는 인간의 모습을 대리석으로 만든 혁신적인 작품이었고, 이런 조각이 제작된 것은 고대 이후 최초의 일이었습니다. 더구나 젊은 남자의 벗은 몸을 이렇게 사랑스럽고 구체적이며 육

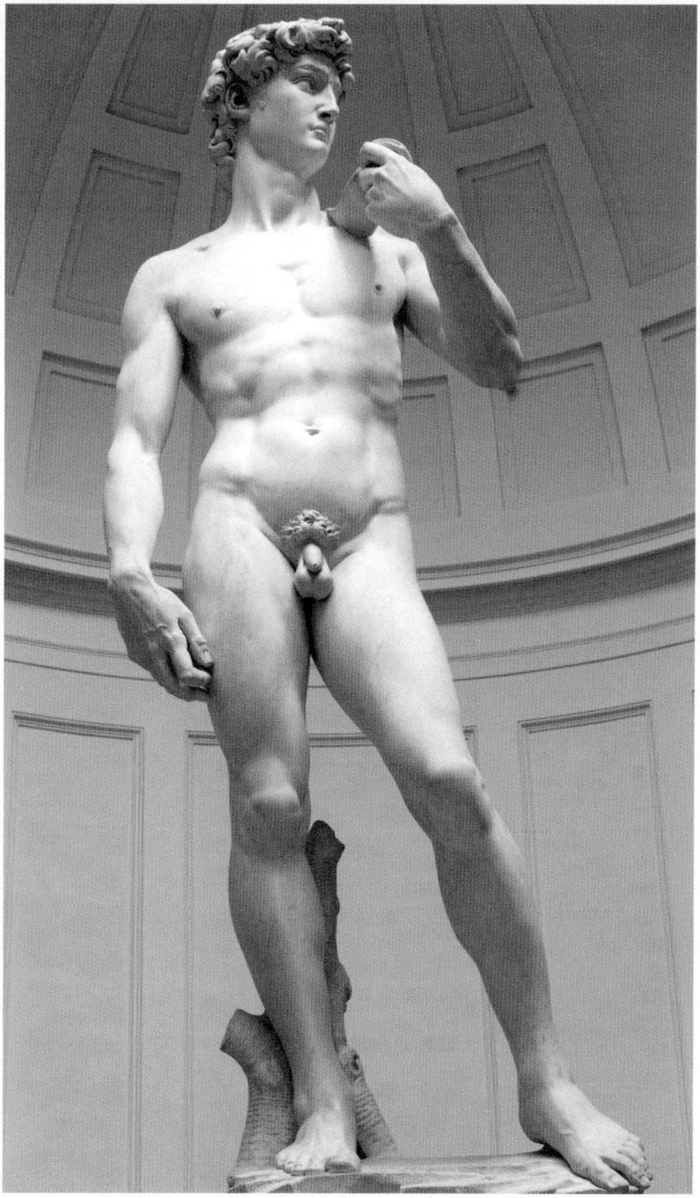

〈다비드〉

미켈란젤로가 대리석 덩어리 표면에 직접 그림을 그린 뒤 눈짐작만으로 만든 조각으로 모델의 실제 크기는 전혀 참조하지 않은 것입니다. 한쪽 다리에 몸 전체의 무게를 지탱하는 콘트라포스토 자세를 취하고 있으며, 몸은 전체적으로 S 자 모양의 곡선으로 구도를 잡고 있습니다.

감적으로 조각해 냈다는 것은 당시로서는 엄청난 사건이었답니다.

한편 로렌초의 둘째 아들이자 추기경이었던 조반니 데 메디치(Giovanni de' Medici, 1475~1521)는 교황군의 사령관이 되어 피렌체를 침공합니다. 마키아벨리에 의해 물러난 메디치 가문의 영광을 되찾기 위해서였지요. 교황 율리우스 2세(Julius Ⅱ, 재임 1503~1513)의 신임을 받아 교황군의 사령관으로 임명된 조반니는 에스파냐 군대의 도움으로, 프라토 전투에서 마키아벨리의 피렌체 정규군에 승리합니다. 이후 조반니는 서른일곱의 나이로 최연소 교황으로 추대됩니다. 그가 바로 교황청의 황금시대를 펼치던 레오 10세(Leo X, 재임 1513~1521)입니다. 그리고 피에트로의 아들 로렌초 2세 데 메디치(Lorenzo Ⅱ de' Medici, 1492~1519)가 피렌체를 통치하게 됩니다. 이때부터 메디치 가문이 다시 피렌체를 장악하기 시작합니다. 메디치 가문은 1494년 공화정에 추방당한 뒤 50여 년간 힘든 세월을 보내다가, 1551년부터 본격적으로 세력을 잡게 됩니다. 메디치 가문의 먼 친척인 코시모 1세(Cosimo I de' Medici, 1519~1574)가 피렌체 정부의 1인자로 선출되었던 것입니다. 코시모 1세는 메디치 가문의 교황 클레멘스 7세(Clemens Ⅶ, 재임 1523~1534)와 신성 로마 제국의 카를 5세의 도움을 받아 권력을 장악합니다. 그는 피렌체 부근의 도시들을 함락시키고, 1554년에는 시에나를 합병함으로써 영토를 토스카나 전체로 넓히며 군주의 입지를 다졌습니다. 한편

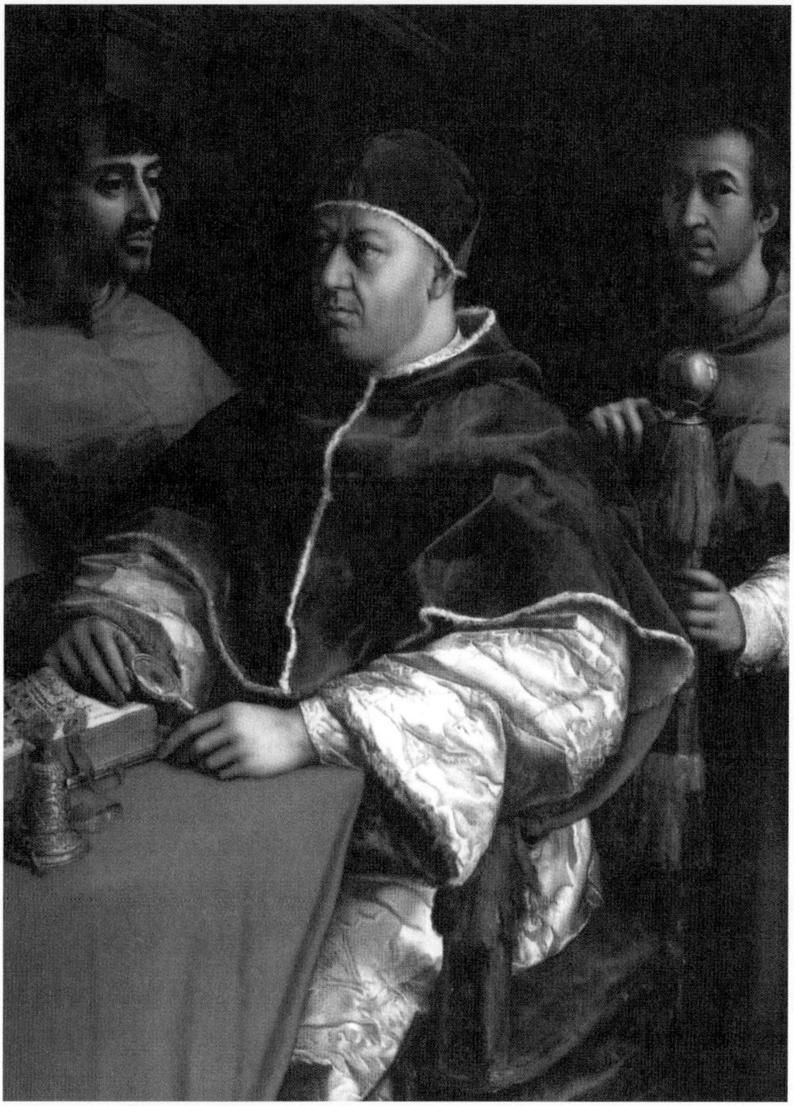

〈레오 10세와 두 명의 추기경〉

탁월한 표면 묘사, 다양한 붉은색의 구사가 어우러진 라파엘로의 그림입니다. 특히 커다란 책 위에 돋보기를 손에 든 채 생각에 잠긴 레오 10세의 모습은 그가 학문의 후원자임을 보여 주고 있습니다. 교황 레오 10세의 왼쪽에는 훗날 교황 클레멘스 7세가 되는 줄리오 데 메디치가, 오른쪽에는 추기경 로이지 데 로시가 서 있습니다.

외교적으로는 아들 프란체스코 1세(Francesco I de' Medici, 1541~1587)를 카를 5세의 사촌 요하나와 결혼시킴으로써 신성 로마 제국의 보호를 받게 되었고 강대국 사이에서도 피렌체를 비교적 안전하게 통치하였습니다. 그리고 1570년에는 토스카나 공국의 대공작이 되었습니다. 오늘날 이탈리아의 토스카나주에 해당하는 토스카나 공국은 1799년 프랑스가 함락할 때까지 독립을 유지했는데, 피렌체가 그 중심에 있었지요. 코시모 1세 이후 메디치 가문은 다시 유럽의 주요 가문으로서 확고한 자리를 잡게 되었습니다. 그리고 피렌체의 공화정은 완전히 끝나고, 군주제가 자리 잡지요. 당시 귀족 정치로 변한 피렌체에서 코시모 1세의 세력은 거의 절대 군주에 가까웠다고 합니다. 이제 다시 메디치 가문의 권력은 막강해졌습니다.

코시모 1세는 막강한 권력을 통해 적극적인 예술 후원을 펼쳤습니다. 메디치 가문의 대표적인 미술 후원자 중에서 작품 주문을 가장 많이 한 사람이 바로 코시모 1세였습니다. 하지만 코시모 1세는 진정한 의미에서의 미술 애호가이기보다는 미술을 통하여 자신의 정치적 이미지를 강화하고자 한 인물이었습니다. 코시모 1세는 자신의 집권 과정에 철학자나 신학자, 역사학자, 인문학자 등 피렌체의 지식인들을 적극 활용하였습니다. 통치 시에 도움이 되도록 학자들에게 주제를 선정해 주고 글을 쓰게 하는 등

군주에게 봉사하는 문화 정책을 일관하였으며, 미술 후원도 그러한 목적으로 했다고 합니다. 특히 미술은 보는 순간 의미가 즉각 전달되며 암시적인 주제를 통해 이미지를 형성하는 데에 가장 효과적인 수단인 만큼 정치 선전 시 이용 가치가 있었던 것이지요. 이러한 정치적 의도를 가장 효과적으로 활용한 작품은 바로 자신의 초상화와 초상 조각이었습니다.

초상화는 자기표현의 수단이어서 자신의 실제 모습보다는 '본인이 어떻게 보이길 바라는가'라는 의도를 나타내는 그림입니다. 초상화는 예술품이라기보다 가족과 친구, 자신이 어떤 인물인가, 어떤 지위를 지니고 있는가를 드러내는 방법이었거든요. 당시 제작된 코시모 1세의 초상을 보면 대부분 미소 띤 입, 약간 고개를 든 자세를 취하고 있어서 이른바 덕성을 강조한 로마 황제의 흉상을 본받고 있음을 알 수 있습니다. '고대 양식'이라 부르는 이 방법을 과감하고 적극적으로 적용한 이는 유럽에서 코시모 1세가 처음이라고 합니다. 꺼져 가는 메디치 가문의 명맥을 부활시킨 코시모 1세의 집권 아래에서 문인, 역사가, 화가 들은 진정한 인문학, 진정한 예술의 추구와는 별 관계없이 그저 코시모를 위대하게 묘사하는 데에 봉사했다고 해요.

코시모 1세는 정의와 힘을 상징하는 헤라클레스, 과단성 있는 지도자 모세, 존경받는 아우구스투스 황제 등의 이미지를 가져와

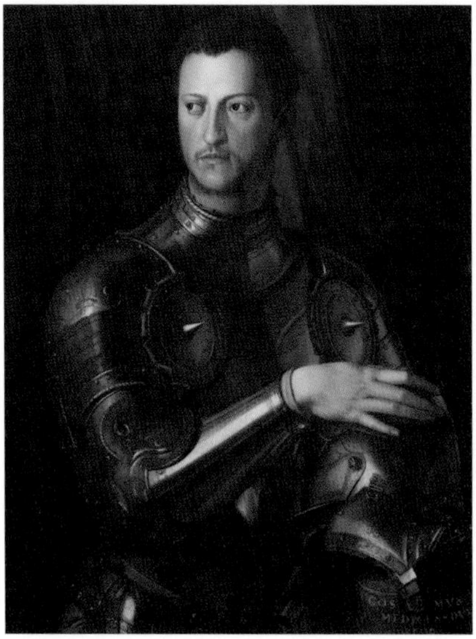

코시모 1세

대(大) 로렌초의 고손자이며 조반니 디 비치의 아들로서 피렌체 토스카나의 대공이었습니다. 그는 자신을 용감한 지도자로 표현하게 했습니다.

자신의 모습을 표현할 그림 주제로 선택했습니다. 그래서 코시모 1세의 초상화를 보면 그가 전쟁에 직접 참여한 일이 없음에도 갑옷을 입은 모습으로 자신을 드러내어 용감한 지도자의 이미지를 강화하고 있습니다. 특히 자신을 헤라클레스처럼 묘사하고 있는 작품도 많은데 이는 프랑스와 에스파냐 두 강대국 사이에서 피렌체의 힘을 과시해야 했고, 피렌체 내부에서도 공화제 요구에 맞서는 강력함과 토스카나의 지방 도시들을 통합하려는 야심을 드러내려 한 것이지요. 헤라클레스는 일종의 정치적인 선전물이었습니다. 헤라클레스는 고대 신화에 나오는 불굴의 영웅이니 피렌체와 메디치 가문의 상징으로 적절했던 것이지요.

뿐만 아니라 코시모 1세 집권 당시 역사가들은 아우구스투스와 코시모 1세의 공통점을 찾아내고, 성서 연구가들은 코시모 1세의 업적을 더욱 빛낼 모세의 기적을 연구했으며, 조각가와 화가는 이를 형상화하였습니다. 위기에 처한 피렌체에서 코시모 1세는 권위와 힘을 보이기 위하여 시각 이미지를 최대한 사용하였던 것입니다. 그 결과 지식인과 예술가 들은 귀족 국가의 봉사자가 되었습니다. 이러한 코시모 1세의 문화 정책은 이후 17, 18세기 유럽을 뒤덮은 '지배자의 영광을 위해 봉사하는 예술'을 예고하였습니다. 어떤 목적에 의해 무엇을 그려야 할지를 정해 놓은 프로그램이 있으며 이를 총괄하는 미술가가 있고, 화가는 이를 그림으로 실행시키는 식의 조직화된 미술 주문 양상은 당시 미술가들의 세계와 미술의 성격도 바꾸어 놓았습니다.

지배 계급이 요구하는 정치적인 전시 효과의 그림이란 전쟁의 승리를 기념하는 그림이거나 결혼식과 같은 행사 위주의 주제를 빠르게, 또 거대한 규모로 제작해야 했던 일이었습니다. 따라서 짧은 시간 안에 대규모 크기의 그림을 완성하기 위해서는 총책임자와 조직이 필요했습니다. 화가나 조각가가 일하는 공방에서는 필요에 따라 적합한 화가를 공급해야 했지요. 이제 화가는 화가로서의 능력만으로 유능한 작가가 될 수 있는 게 아니라, 행정력을 갖추어야 하고 정해진 기한 안에 원하는 그림을 공급할 수 있는 미술가여야만 했습니다. 이러한 조건에 잘 적응하고 주문을 잘 이행해 내는 작가들만이 부와 명예를 누리게 되었습니다.

1560년경 코시모 1세가 주문하고 조르조 바사리가 설계한 피렌체 우피치 미술관은 원래 행정 사무실 용도로 지어졌습니다. 옛 궁인 베키오 궁전에서 강 건너에 새로 지은 피티 궁전까지를 연결하는 역할을 하였던 곳이었지요. 1584년 건물이 완성되었을 때 코시모 1세의 후계자 프란체스코 1세는 3층의 'ㄷ' 자 회랑, 즉 갤러리아(Galleria)에 온갖 예술품을 모아 두었습니다. 이것이 후에 우피치 미술관이 된 것이지요. 우피치는 르네상스 회화를 모아 둔 박물관 중에서는 세계 제일이라고 할 수 있습니다. 우피치 미술관은 14~16세기에 피렌체에서 발달한 미술품들을, 바로 그 미술품이 제작되던 당시 세워진 건물에 소장하고 있습니다. 이러한 면에서 매우 이례적인 미술관이라 할 수 있지요.

코시모 1세 이전에도 옛 메디치 가문의 권위 회복과 자신의 정치력을 구축하는 데에 건축과 조각, 회화를 적극 이용한 사람이 있었습니다. 바로 교황 레오 10세이지요. 레오 10세는 미켈란젤로와 어린 시절 친구이기도 했습니다. 당시 메디치 가문의 커다란 저택에는 매혹적이고 우아한 정원이 있었는데, 이곳에 고대 그리스·로마 시대의 수많은 조각품들이 전시되어 있었다고 합니다. 이 정원은 당대 예술가들에게 고전을 공부할 수 있는 학교이자 엄청난 영감을 주는 장소였지요. 이곳에서 조각가로서의 원대한 꿈을 꾸면서 메디치 가문의 사람들과 교류한 이가 바로 미켈란젤로입니다. 레오 10세는 고조할아버지 때부터 후원해 오던 산 로렌초 성당의 정면을 미켈란젤로에게 의뢰하는 한편, 20대에 죽은 줄리아노 메디치(Giuliano di Piero de' Medici, 1453~1478)의 무덤 묘비도 제작하게 했습니다. 당시 세워진 묘비는 유럽에서 가장 유명한 묘비가 되었습니다.

그리고 이 일은 '위대한 로렌초'의 조카이자 뒤에 교황 클레멘스 7세가 된 줄리오 데 메디치의 명에 따라 미켈란젤로가 성당 안에 메디치 가문의 묘를 만드는 것으로 이어졌습니다. 메디치 가문을 위해 산 로렌초 성당 신성구실 안에 메디치 가문을 빛낸 인물의

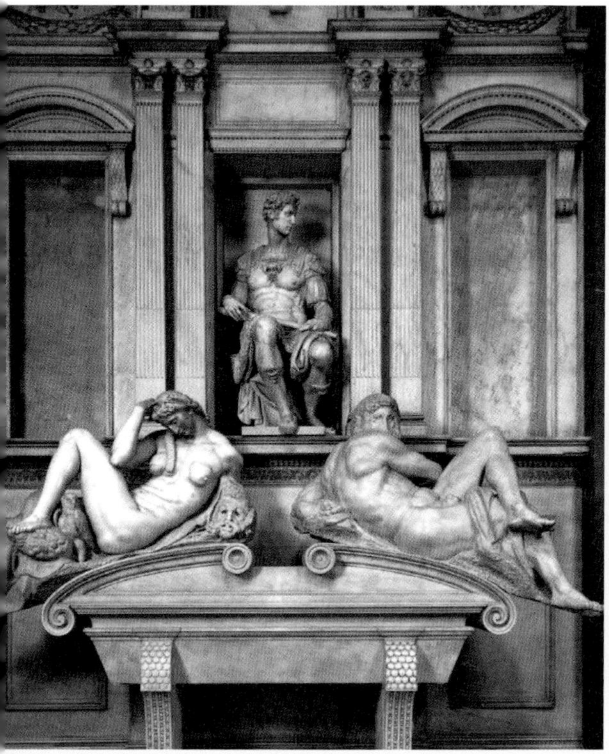

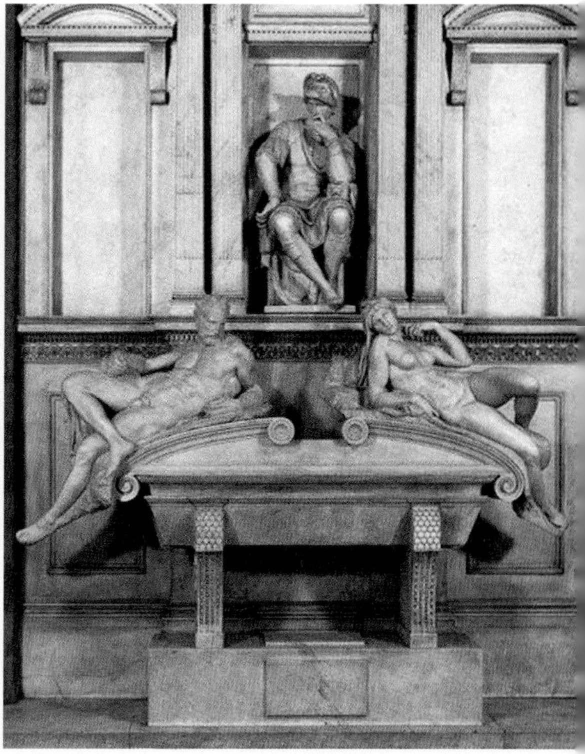

〈메디치가의 묘〉

산 로렌초 성당의 신성구실에 자리한 위대한 로렌초와 메디치 가문의 입상 영묘입니다. 왼쪽은 밤이라는 의미의 여성상과 낮이라 불리는 남성상이 좌우에 기대어 누워 있고 안쪽으로 줄리아노의 좌상이 있습니다. 오른쪽은 새벽과 황혼을 의미하는 여성상과 남성상이 있고 그 위에 로렌초 공작이 깊은 생각에 잠긴 모습으로 앉아 있습니다.

묘를 설치하는 것이지요. 비록 처음 계획과는 다르게 규모가 축소된 채 미완성인 상태로 끝이 나 버렸지만, 명상적인 성격을 표상하는 로렌초 2세와 행동적인 성격을 상징하는 줄리아노, 두 공작의 묘는 서로 마주 보도록 안치되었습니다.

다시 레오 10세의 이야기로 돌아가 볼까요? 레오 10세는 일련의 그림과 조각, 건축물을 통해 메디치 가문을 도덕적으로 이상화시키는 한편, 바티칸 궁전의 벽화를 통해서는 자신의 권력을 선전하였습니다. 교황이 된 이후에는 문학과 예술을 장려하는 사업을 적극 추진했습니다. 그리고 지식인들을 로마로 초대하고 그리스와 라틴 저자들에 대한 연구를 위해 로마에 대학교 설립을 계획했습니다. 또한 로마에 인쇄소를 세우고자 했으며, 그리스·로마 시대의 고전을 찾기 위한 조사 작업에 착수하고, 라파엘로를 비롯해 다른 예술가들에게 중요한 작품을 의뢰하였습니다. 이렇듯 모든 면에서 학문과 예술의 발전에 앞장선 레오 10세는 축제와 사냥, 문학과 예술을 탐닉하면서 가능한 편하고 즐겁게 살고자 했다고 합니다. 레오 10세는 자신의 연회장, 미술관, 예배당 등을 라파엘로의 그림으로 가득 채웠는데, 그림의 대부분은 모두 인간의 아름다움을 이상적으로 묘사한 작품이었습니다.

르네상스 미술을 대표하는 미술가 중 또 한 사람이 레오나르도 다빈치입니다. 그 역시 메디치 가문의 적극적인 후원과 지지를 받았습니다. 레오나르도 이전의 피렌체 회화는 1400년대에 입체적인 표현의 중요성을 역설한 레오네 바티스타 알베르티의 회화관에 영향을 받아 윤곽선을 확실히 하고 그늘진 곳을 뚜렷하게 묘사했습니다. 반면 레오나르도는 엷고 부드러운 윤곽과 희미한 그늘을 보여 주었지요. 이는 그만큼 사실적이고 자연스러운 느낌을 주는 것을 의미합니다. 자연의 보편성을 전형적인 아름다움으로 삼는 알베르티에 비해, 레오나르도는 신비스러운 무한한 변화를 일으키는 것이 '참다운 자연미'라 하면서 미의 다양성을 주장했습니다. 알베르티가 불변의 전형을 제시하고 확립하여 고전의 근거를 만들어 주었다면, 레오나르도는 창작하는 예술가를 탄생하게 하는 길을 열어 주었다고 할 수 있지요. 그래서 레오나르도를 '진정한 르네상스의 화가'라고도 부릅니다. 레오나르도는 공

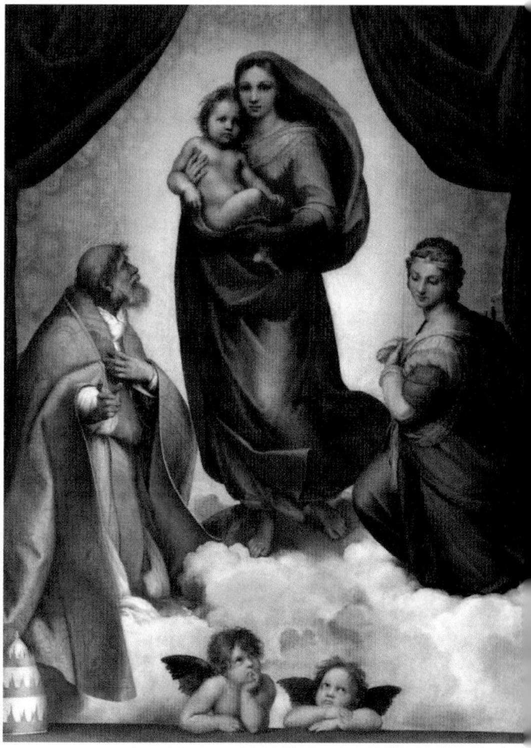

〈시스티나 성모〉

중앙에 성모 마리아가 아기 예수를 안고 있고 왼쪽에는 교황 식스토 1세, 오른쪽에는 성녀 바르바라가 자리하고 있습니다. 화면 아래쪽에는 귀엽고 사랑스러운 아기 천사들이 그려져 있습니다.

간을 무한한 신비의 허공, 대기의 모든 성분이 혼합하여 있는 무형의 공간, 빛과 어둠이 교차하는 곳으로 보았던 화가입니다. 이러한 관점에서 이른바 '키아로스쿠로(명암법)'와 '스푸마토(대기 원근법 혹은 공기 원근법)'라는 레오나르도 특유의 기법이 등장합니다. 대기 원근법은 대상이 눈에서 멀어짐에 따라 대기 작용으로 인하여 윤곽이 희미해지고, 세부는 사라지며 먼 배경은 청색으로 보인다는 사실을 나타냅니다. 자연의 물체는 고정된 윤곽으로 나타나 있지 않고 빛을 통해서 유동적으로 변화하는 모습을 보인다는 겁니다. 레오나르도는 움직이는 물체의 시각 현상은 빛, 색, 형, 이 세 가지 요소의 상대적인 관계에서 발생하며 이는 형상의 입체성을 흐리게 하고 끝내 소멸시키는 결과를 가져온다고 생각했습니다. 레오나르도는 키아로스쿠로와 스푸마토라는 두 가지 기법을 통해 더욱 실감 나게 거리와 공간감을 표현하는 한편, 그려진 인물과 주변 배경을 매우 신비스럽게, 그리고 정신적인 그 무엇으로 바꿔 놓았습니다. 따라서 그는 모든 그림에 단지 대상을 사실적으로 묘사한 것만이 아니라 대상 안에서 뿜어져 나오는 미묘한 기운, 신비한 에너지 같은 것까지 담고자 한 것입니다.

그 대표작이 바로 〈모나리자〉입니다. 레오나르도는 〈모나리자〉에 신비로운 분위기를 감돌게 할 뿐만 아니라 자연의 신비까지도 느껴지게 했습니다. 레오나르도는 예술가란 자연을 정확히 모방

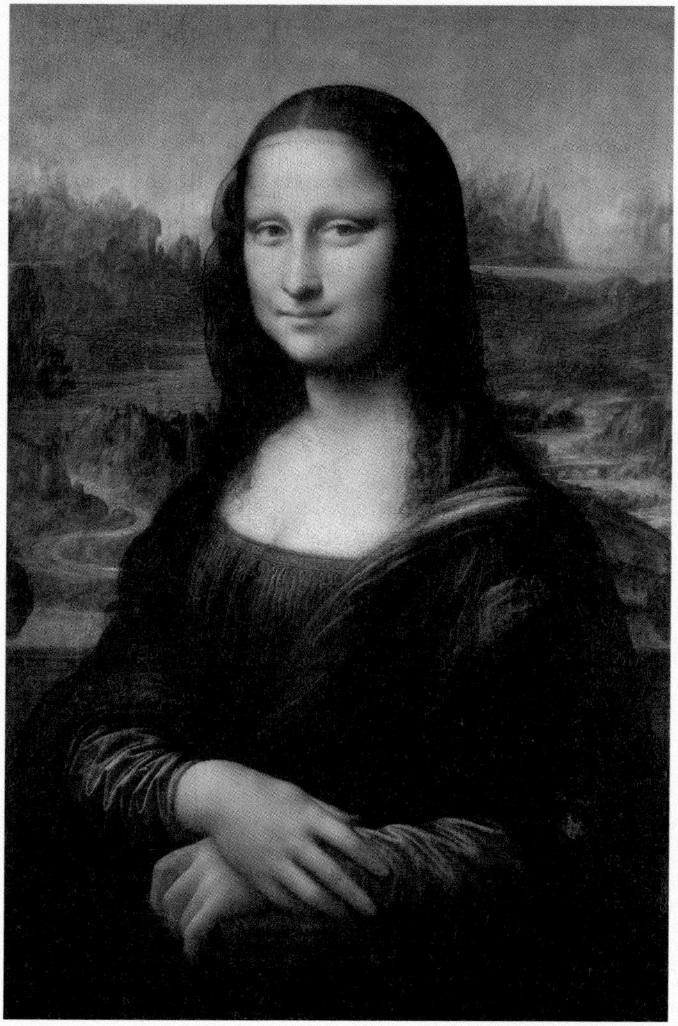

〈모나리자〉

피렌체에 살던 한 상인의 부인을 그린 초상화로 알려져 있는 다빈치의 대표작입니다. 놀라울 정도로 사실적인 묘사, 완벽한 원근감, 부드러운 명암 처리, 선명한 윤곽선이 사라지고 모든 경계는 흐릿하게 사라져 버리게 한 스푸마토 기법의 완숙한 사용, 그리고 무엇보다도 여자의 미묘한 미소로 무척 유명한 그림입니다.

하는 것이지 자연을 개선하고자 하면 안 된다고도 했습니다. 레오나르도는 특히 예술미의 고정성을 부정하고 미의 독창성, 표현의 다양성을 탐색했으며, 무엇보다도 창조적인 상상력의 역할을 중요하게 여겼습니다. 이것은 르네상스 미술을 핵심적으로 요약한 것이자 메디치 가문이 추구한 정신이기도 합니다.

한편 당시 종교 개혁과 함께 1527년 신성 로마 제국과 에스파냐 군대가 로마를 침입하여 교황청을 철저하게 약탈한, 이른바 '로마 약탈 사건'이 일어납니다. 이 사건으로 인해 9,000여 명이 넘는 로마 시민이 사망하고 로마는 철저하게 파괴되었습니다. 이제 시민들은 교황을 믿지 않으려 했으며 또한 이탈리아 도시 국가들의 교황에 대한 신뢰도 끝없이 추락했습니다. 그러자 교황 클레멘스 7세는 교황청의 위상을 만회하기 위해 피렌체의 산 로렌초 성당에서 메디치 가문의 영묘를 작업하던 미켈란젤로를 로마로 불러들여, "당신이 꿈에서조차 상상하지 못한 것을 그려 보라!"라는 주문을 하게 됩니다. 한편 교황 클레멘스 7세의 뒤를 이어 교황으로 선출된 바오로 3세(Paulus Ⅲ, 재임 1534~1549)는 미켈란젤로에게 시스티나 성당 벽면을 장식할 것을 주문합니다. 이 성당은 교황을 선출하는 모임인 '콘클라베'가 열리는 장소로, 크리스트교를 위해 순교한 수많은 성인들의 유골이 안장된 곳이기도 합니다. 교황은 로마 약탈 사건으로 심각하게 훼손당한 교황청의 신성함을 미켈란젤로가 재현한 순교자들의 그림으로 회복하고자 했습니다. 이러한 목적으로 로마 교황청에서 가장 신성한 장소인 시스티나 예배당의 제단을 장식하는 그림에 로마 약탈 사건 때 유골이 사라진 순교자들의 형상을 그려 넣도록 미켈란젤로에게 주문한 것입니다. 미켈란젤로는 성인들이 순교할 당시의 모습을 생생하게 재현해 내면서도 다분히 환상적으로 창조해 냅니다. 그것이 바로 〈최후의 심판〉이었습니다.

한편 서유럽에서 가장 부유했던 피렌체 상인들은 콜럼버스의 신대륙 발견으로 그 지위를 서서히 상실해 갔습니다. 베네치아 상인들 역시 비잔틴 제국 멸망 이후 지중해 무역 항로를 잃어 갔습니다. 게다가 로마 약탈 사건으로 교황청으로 들어오는 수입이 절반 이하로 급격히 떨어지기에 이르지요. 유럽의 강대국들은 이탈리아 여러 도시 국가의 허약함을 눈치챘고, 교황에 대한 경외심과 두려움도 없어졌습니다. 그러자 교황은 우선 가톨릭 교리를 엄격하게 지키는 방식으로 당시의 정치 상황과 신교의 종교 개혁에 대응하려 했습니다. 무엇보다도 교황청의 고위 성직자들은 로마 가톨릭 세력이 약해진 중요한 원인이 창의적인 인문학자들이 발전시켜 온 인문주의에 있다고 판단했습니다. 인문주의의 확산으로 합리주의적이고, 실용적인 지식을 갖춘 개인이 탄생했고, 이러한 지식인들이 종교 개혁을 부추기고 있다고 생각한 것이지요.

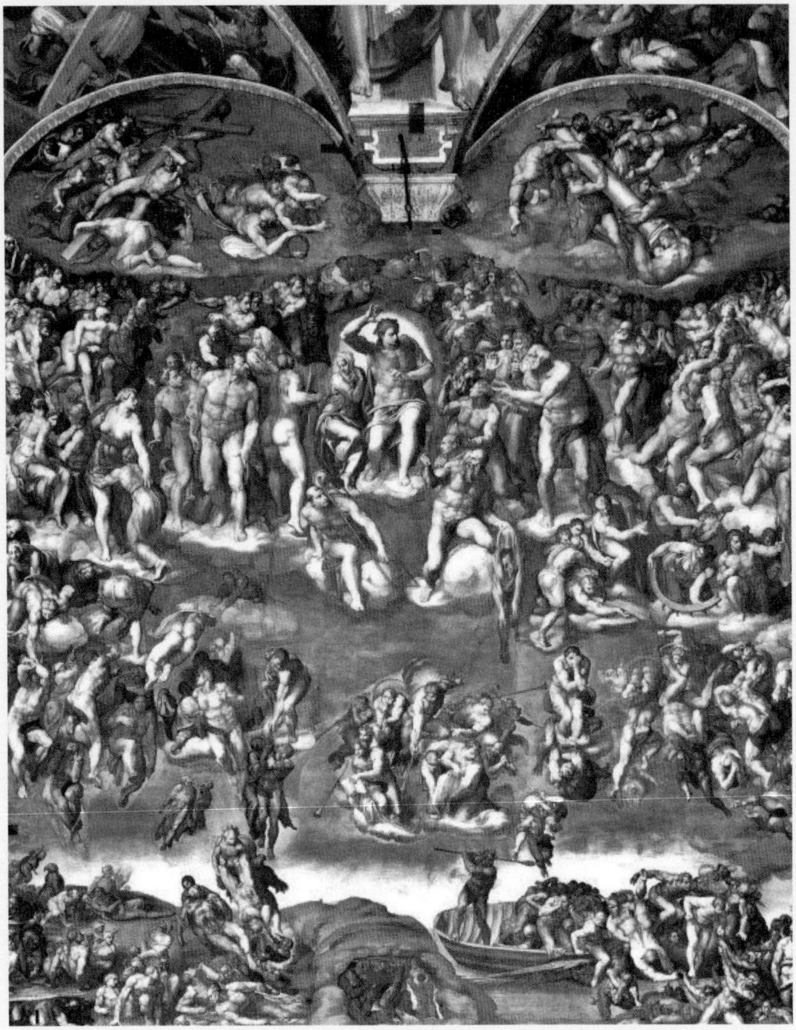

〈최후의 심판〉

6년의 작업 끝에 14미터에 달하는 거대한 벽면에 온갖 형상을 한 391명의 벌거벗은 인간 군상들로 가득한 그림입니다. 예수가 손을 들어 심판을 상징하는 모습을 하고 있습니다.

그래서 교황청의 고위 성직자들은 반인문주의 운동을 벌입니다.

또한 더 이상 이탈리아 상인들의 후원에 의존할 수 없었던 교황은 강력한 군대와 황금으로 무장한 에스파냐를 후견 세력으로 택하게 됩니다. 당시 에스파냐는 신대륙 발견으로 막대한 은을 보유하고 있었지요. 그러나 문제는 에스파냐가 당시 서유럽에서 가장 중세적인 봉건 국가인 데다가 여전히 보수적인 로마 가톨릭 국가였다는 점입니다. 종교 개혁에 맞서기 위해서 에스파냐의 군인 출신인 이그나티우스 데 로욜라는 '예수회'를 창설했습니다. 교황은 로마 가톨릭 수도회인 예수회에 종교 재판권을 주었고, 로마 가톨릭교회를 수호하는 임무를 맡겼습니다. 이렇게 해서 메디치 가문의 후원에 힘입어 피렌체를 중심으로 활발하게 전개되었던 르네상스 문화는 서서히 저물어 갔습니다. 피렌체의 부유한 상인들과 메디치 가문 사람들이 르네상스 예술에 영향을 미칠 수 있었던 시대도 막을 내린 것입니다.

메디치 가문의 위기는 사실 코시모 1세의 장남 프란체스코 1세와 함께 시작되었습니다. 프란체스코 1세 역시 메디치 가문 사람답게 예술과 문학에 취미가 있었지요. 그는 최초로 중국의 자기를 모방하여, 오늘날까지 남아 있는 피렌체 자기 공장을 세워 큰 명성을 얻었습니다. 그리고 예술가들을 후하게 지원했고, 특히 당대의 지도적 조각가인 조반니 다 볼로냐를 후원했어요. 문학을 증진

하려던 그의 소원은 1582년 유명한 아카데미아 델라 크루스카의 설립으로 결실을 맺었죠. 또한 우피치를 회화 전시관으로 개조하고, 가문이 소장하고 있던 몇몇 회화 작품을 전시한 최초의 인물이었어요. 이렇게 해서 메디치 가문의 여러 세대가 수집한 작품들이 한자리에 모이게 되었습니다. 그러나 피렌체의 메디치 가문이 우피치의 근사한 미술관을 만드는 동안 영국과 에스파냐는 해전을 벌였고, 프랑스에서는 참혹한 내전이 벌어졌으며, 네덜란드의 독립과 전쟁으로 유럽 대륙은 피바다가 되었죠. 또한 예수회와 교황은 메디치 가문에 증오를 품고 있었다고 합니다. 메디치 가문이 보여 온 순수 학문에 대한 관심과 갈릴레오에게 특별한 후원을 제공해 온 것에 대한 불만 때문이었죠.

코시모 2세, 페르디난도 2세, 코시모 3세를 거쳐 찬란하고 영화로웠던 메디치 가문의 마지막 후손은 안나 마리아 루이자(1667~1743, 세례명 루도비카)예요. 그녀는 메디치 가문이 남긴 모든 재산을 물려받아, 세상에서 가장 위대한 예술품 소장처의 마지막 주인이 되었습니다. 안나 마리아는 헤아릴 수 없이 많은 예술 작품으로 가득한 우피치 미술관과 피티 미술관을 보존하는 데에 심혈을 기울였어요. 이미 메디치 가문의 정치권력은 몰락했고 유럽의 여러 강대국이 피렌체를 비롯해서 이탈리아를 지배하려는 때였지만 안나 마리아는 조상들이 남긴 위대한 유산을 보존하기 위해 애를 썼지요. 그래서 당시 모든 정치권력은 외국에 넘겨주면서도 메디치 가문이 남긴 방대한 미술품만은 건드리지 않는 조건을 내걸었지요. 안나 마리아는 이후 메디치 가문의 모든 유산을 국가에 기증합니다. 여기에는 메디치 가문의 궁전과 미술관은 물론이고, 수많은 예술 작품과 귀중품이 포함되어 있었어요. 안나 마리아는 기증한 보물들 중 단 한 점이라도 피렌체에서 옮기지 말 것과 전 세계 모든 나라의 사람들을 위해 쓰일 것을 조건으로 내걸었다고 해요. 이 덕분에 메디치 가문의 많은 미술품과 보물들이 다른 데로 흩어지거나 약탈당하지 않고 피렌체에 온전히 남아 있을 수 있었어요.

이후 우피치 미술관은 1769년, 공공 박물관이 되었습니다. 토스카나 공국은 프랑스에 병합되었다가 1860년 이탈리아의 일부로 편입되며 오늘에 이르렀습니다. 그렇게 해서 메디치 가문은 역사에서 사라졌으나 그들의 업적과 예술품들은 살아 있게 되었죠. 그리고 안나 마리아의 기증으로 온 세계가 예술품들을 자유롭게 관람하고 즐길 수 있게 되었습니다. 오늘날 피렌체가 세계적인 문화의 도시, 예술품으로 가득한 도시가 될 수 있었던 데에는 안나 마리아의 도움이 컸지요. 메디치 가문의 마지막 후손 안나 마리아는 1743년 2월 18일 세상을 떠났습니다. 그와 동시에 메디치 가문의 영광과 그들의 길고 사연 많은 역사도 사라졌어요. 이것이 파란만장한 메디치 가문의 역사였습니다. 그러나 그들이 남긴 엄청난 예술품은 오늘도 여전히 눈부시게 빛나고 있습니다.

Chapter 7 도판 정보

미켈란젤로 부오나로티 〈다비드〉, 1501~1504년, 이탈리아 아카데미아 미술관

산치오 라파엘로 〈교황 레오 10세와 두 명의 추기경〉 1518~1519년, 이탈리아 우피치 미술관

미켈란젤로 부오나로티 〈메디치가의 묘〉, 1520~1534년, 이탈리아 산 로렌초 성당

산치오 라파엘로 〈시스티나 성모〉, 1513~1514년, 독일 드레스덴 국립 미술관

레오나르도 다빈치 〈모나리자〉, 1503~1506년, 프랑스 루브르 박물관

미켈란젤로 부오나로티 〈최후의 심판〉, 1535~1541년, 이탈리아 시스티나 성당

CHAPTER 8

르네상스와 메세나

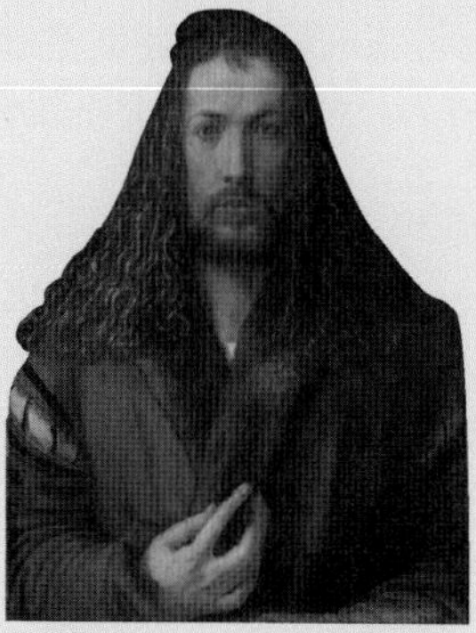

피렌체에서 활동하던 많은 예술가들이 각지로 떠나 버린 결과 피렌체에서 이루어진 새로운 표현 형식이 점차 이탈리아의 여러 도시로 전파되었습니다. 즉, 르네상스 미술이 전 유럽으로 전파되었던 것입니다.

중세 시대부터 교회의 가르침은 수도자의 정신에 우월성을 두었지만, 르네상스 시대의 인문주의자들에게는 시민의 명예가 다른 무엇보다도 중요했습니다. 또한 도시와 가족을 위해 봉사하는 것이 신의 율법을 지키는 일과 같다고 생각했지요. 특히 13세기부터 피렌체에서 세력을 얻게 된 상층 계급은 당시 고대를 수호하자는 지성인들의 주장을 지지함으로써 문화계를 변화시키는 데에 큰 몫을 하게 됩니다. 따라서 피렌체는 당시 인문주의의 요람이 되었고, 정부 고관들이나 부유한 상인들은 자신들이 하는 일이 역사에 크게 기여한다고 믿었답니다.

피렌체에서 메디치 가문의 융성은 학문과 예술을 장려하는 원동력이 되었고 문화의 중요성을 깨닫게 하는 계기를 마련해 주었습니다. 메디치 가문의 여유 있는 경제력과 자유로운 학문 연구의 지원은 개인을 자각하고 창조적인 활동을 할 수 있도록 했습니다. 그리고 이에 맞춰 모든 사실의 근원을 캐내고자 하는 과학적인 연구로 이어졌죠. 또한 인간성을 추구하는 시민운동은 현실주의, 합리주의, 자연주의의 발전을 가져왔어요. 이러한 움직임은 피렌체에서 태동하여 점차 작은 군주 국가로 전파되었고, 이내

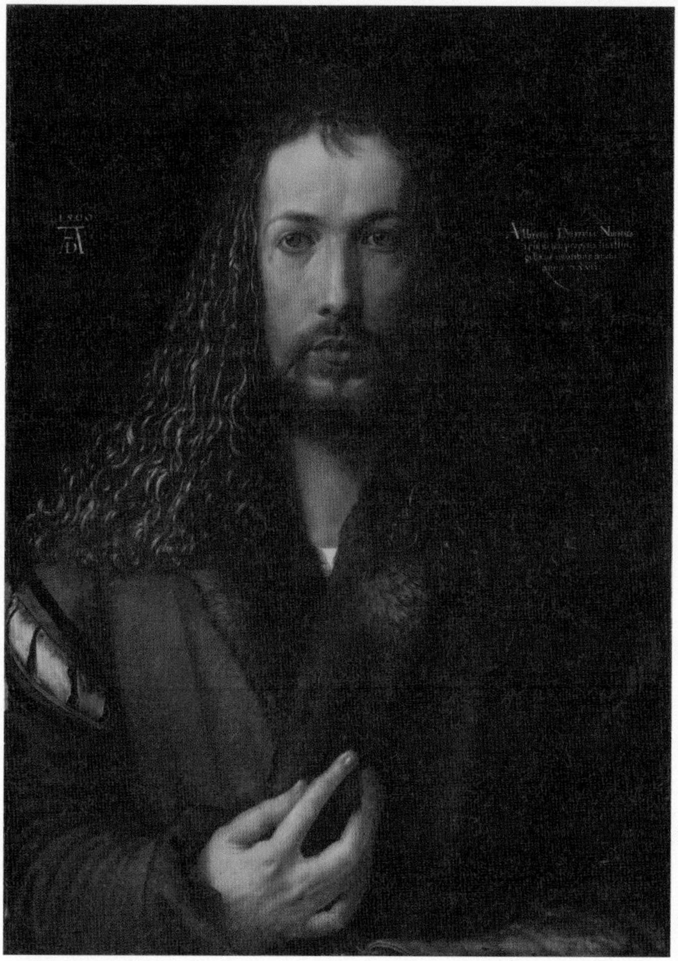

〈자화상〉

예술가로서 자의식을 갖고 처음으로 자화상을 그린 화가가 바로 뒤러입니다. 이 작품은 그의 자존감을 잘 보여 주고 있습니다. 일명 '모피 코트를 입은 자화상'으로도 불리는 이 그림은 정면을 응시한 자세와 화려한 옷차림 등의 사실적인 묘사로 유명합니다.

이탈리아 전역으로 확산되었죠.

피렌체에서 활동하던 예술가들은 다른 군주들의 요청 등 여러 이유로 피렌체를 떠나 다른 도시로 이동하기도 했습니다. 피렌체에서 활동하던 많은 예술가들이 각지로 떠난 결과 피렌체에서 이루어진 새로운 표현 형식이 점차 이탈리아의 여러 도시로 전파되었습니다. 즉, 르네상스 미술이 전 유럽으로 전파된 것입니다.

이처럼 15세기에 이르러서는 메디치 가문의 지배 아래에 있던 피렌체 공화국이 유럽의 다른 어느 곳보다도 근대적인 미술 양식을 만들어 이탈리아뿐만 아니라 알프스 이북에 있는 나라들에게도 영향을 주었어요. 당시 독일 출신의 화가 알브레히트 뒤러가 대표적이지요. 그는 독일 르네상스의 대표적인 화가이자 판화가로 이탈리아에 머물면서 르네상스 화풍을 연구했습니다. 이후 고향인 독일의 뉘른베르크에 돌아와 공방(작업실)을 열고 본격적인 활동을 시작하면서 탁월한 재능을 보여 주었습니다. 뒤러는 인문주의자로서 르네상스 정신을 구현하고 과학적 방법론을 전개했던 인물로도 인정받고 있습니다.

반면 그토록 막강했던 메디치 가문이 지배하던 피렌체의 화려한 번영도 서서히 저물어 갔죠. 15세기 말부터 16세기에 걸쳐서 로마와 베네치아가 강력하게 부상하면서 피렌체를 위협하였고, 북쪽에서는 군주제 국가가 서서히 형성되어 가고 있었기 때문이죠.

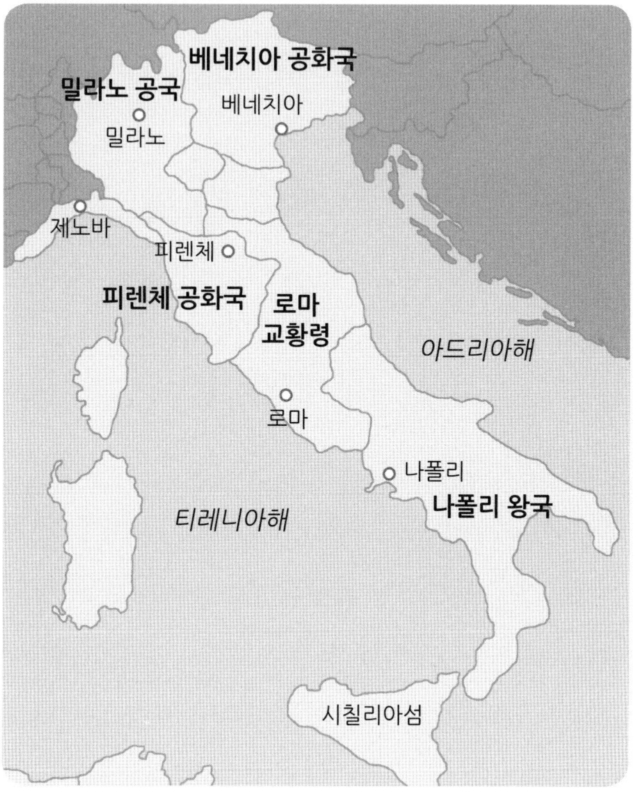

15세기 이탈리아

100여 년 동안 이탈리아의 학예를 꽃피우게 하고 인문주의 사상을 확립시킨 피렌체는 메세나(Mecenat)의 중요성과 정치적 집권의 저력이 문화에 있음을 스스로 입증한 뒤, 1500년대에 이르면서 서서히 막을 내립니다.

기업의 문화 후원을 가리키는 메세나란 문화 예술가들에게 지원을 아끼지 않았던 로마의 정치가이자 외교관인 가이우스 마이케나스(Gaius Maecenas, B.C. 70~B.C. 8)의 이름에서 유래된 말입니다. 마이케나스는 당시 로마의 베르길리우스, 호라티우스 등의 문인들을 지원했던 돈 많은 후원자였습니다. 이에 메세나는 현재 예술 후원자를 가리키는 일반적인 용어가 되었지요. 메세나는 이타적인 목적에서 문화 및 사회 분야를 지원하는 것으로, 좋은 일을 하고 만족하는 것 외에 어떠한 보상을 바라지 않고 수행하는 활동이라고 말할 수 있습니다.

로마에서 시작된 메세나 문화는 메디치 가문으로 연결됩니다. 메디치 가문 이후로는 교황청에서 메세나의 사명을 계승하지요. 이제 후기 르네상스 문화의 불꽃은 메세나로 유명한 율리우스 2세(Julius Ⅱ, 재임 1503~1513)와 메디치 가문 출신인 레오 10세의 적극적이고 과감한 정책으로 로마에서 찬란하게 빛납니다. 이처럼 예술가들의 새로운 활동의 장은 이제 교황이 있는 로마가 되었고, 교황의 비호 아래 미켈란젤로, 레오나르도, 라파엘로, 브라만테 등의 미술가들이 등장해서 르네상스 후반부를 고귀하고 아름다운 문화로 수놓게 됩니다.

당시 로마에서는 고고학에 대한 열기가 확산되어 고적의 발굴과 수집을 중심으로 고대에 대한 탐구가 활발하게 이루어지고 있었습니다. 고적의 발굴과 함께 로마의 옛 시가지를 정리하고 재건

하자는 움직임은 교황 율리우스 2세 때 구체적으로 실현된답니다. 1500년대 전반에 걸쳐 화려한 궁전이나 별장 등이 그토록 많이 지어진 것은 무엇보다도 교황, 추기경, 부유한 상인, 은행가 들의 병적인 과시욕 때문이었어요. 중세 시대의 예술은 글을 모르는 대중에게 성서의 내용을 전해 주고, 신앙심을 북돋우기 위한 도구였습니다. 예술의 주제는 한결같이 성서나 성인들에 관한 것뿐이었고 인간의 눈으로 본 적이 없는 천상의 세계나 신과 같은 상상의 장면을 성스럽게 그리는 것이 과제였습니다. 이러한 작업을 하는 이들은 기술자, 장인 들이었고 공방이라 불리는 작업실에서 공동 제작을 했습니다.

반면 르네상스 시대에서의 예술은 이를 주문하는 특정 후원자들, 그러니까 귀족, 부유한 상인, 성직자 들로 이루어진 선택받은 소수의 계층만을 위해 존재하게 됩니다. 중세 시대에는 교회에서 작품을 주문했습니다. 그러나 르네상스 시대에 작품을 주문한 이들은 고전을 접하고 그리스·로마 미술에 대한 조예가 깊으며 학식이 높은 사회의 엘리트 계급으로서 안목과 취향이 까다로운 비평가들이나 수집가들이었지요.

예술가들은 막대한 부와 지식으로 무장한 이들 후원자와 주문자들의 기대를 만족시키기 위해 최선을 다해 기술을 터득하고, 끊임없이 다른 이들과 경쟁을 해야 했습니다. 결국 이러한 노력과 경쟁은 수준 높은 예술 작품이 창조되는 동력이 되었고, 천재적인 예술가들의 등장으로 이어지게 된 것입니다.

16세기가 되면 이러한 흐름에 따라 로마 특권층의 부름을 받고 이탈리아 각지의 유명한 예술가들이 모두 로마로 몰려들게 됩니다. 피렌체의 문화가 인본주의 사상과 이에 대한 신념이 배경이었다면, 16세기 초반의 로마는 이탈리아의 수도사 사보나롤라의 항거와 루터의 종교 개혁 운동을 극복한 가톨릭교의 교리와 신념이 그 바탕이 되었습니다. 즉, 피렌체가 권력자인 메디치 가문의 '메세나'를 통해 찬란한 문화 예술을 꽃피웠다면, 로마는 막강한 권력을 쥔 교황과 추기경, 은행가들이 그 자리를 대신하면서 이루어진 것입니다. 그리하여 1500년대 로마의 문화적 기세는 이후로도 계속 팽창하여 17세기 바로크 예술로 연결됩니다.

Chapter 8 도판 정보

알브레히트 뒤러 〈자화상〉, 1500년, 독일 알테피나코테크(고전회화관)

메디치 가문이 꽃피운 르네상스

초판 1쇄 발행 2019년 11월 28일
초판 4쇄 발행 2024년 10월 01일

글 박영택
발행처 주식회사 스푼북 **발행인** 박상희 **총괄** 김남원
편집 길유진 김선영 박선정
디자인 권수아 정진희 **마케팅** 박미소
출판신고 2016년 11월 15일 제2017- 000267호
주소 (03993) 서울시 마포구 월드컵북로6길 88-7 ky21빌딩 2층
전화 02- 6357- 0050(편집) 02- 6357- 0051(마케팅)
팩스 02- 6357- 0052 **전자우편** book@spoonbook.co.kr

ISBN 979-11-90267-26-7 (43600)